MGR MARCHAL

ARCHEVÊQUE DE BOURGES

ORAISON FUNÈBRE

PRONONCÉE LE 3 AOUT 1892

DANS LA CATHÉDRALE DE BOURGES

PAR

S. G. MGR PERRAUD, ÉVÊQUE D'AUTUN

DE L'ACADÉMIE FRANÇAISE

NOTES SUR SA VIE ET SA MORT

BOURGES

IMPRIMERIE TARDY-PIGELET

15, RUE JOYEUSE, 15

—

1892

MGR **JEAN-JOSEPH MARCHAL**

ARCHEVÊQUE DE BOURGES

ŒUVRES DIVERSES

DE

MONSEIGNEUR PERRAUD

ÉVÊQUE D'AUTUN

MEMBRE DE L'ACADÉMIE FRANÇAISE

Paris, chez H. CHAPELLIEZ, libraire-éditeur, 29, rue de Tournon.

Autun, chez DEJUSSIEU Père et Fils, Grande-Rue.

L'Oratoire de France au XVIIe et au XIXe siècle, 1 vol. in-8°.
Etudes sur l'Irlande contemporaine, 2 vol. in-8°.
Les paroles de l'heure présente (3e édition), 1 vol. in-12.
Œuvres pastorales et oratoires, 4 vol. in-8°.
Oraison funèbre de S. E. le Cardinal Guibert, archevêque de Paris, grand in-8°.
Oraison funèbre de Mgr Rivet, évêque de Dijon.
Lamartine, discours prononcé à Mâcon le 21 octobre 1890.
Panégyrique du Bienheureux J.-B. de la Salle.
Panégyrique de saint Bernard.
Trois discours sur sainte Thérèse.
Le deuxième Centenaire et le Jubilé de la Bienheureuse Marguerite-Marie.
Les Séminaristes à la Caserne.
La Discussion concordataire, 1 vol. in-32.
Quelques réflexions sur l'Encyclique du 16 février 1892, 1 vol. in-32.

etc.

MGR MARCHAL

ARCHEVÊQUE DE BOURGES

ORAISON FUNÈBRE

PRONONCÉE LE 3 AOUT 1892
DANS LA CATHÉDRALE DE BOURGES

PAR

S. G. MGR PERRAUD, ÉVÊQUE D'AUTUN

DE L'ACADÉMIE FRANÇAISE

NOTES SUR SA VIE ET SA MORT

BOURGES

IMPRIMERIE TARDY-PIGELET

15, RUE JOYEUSE, 15

1892

ORAISON FUNEBRE

DE

MONSEIGNEUR JEAN-JOSEPH MARCHAL

ARCHEVÊQUE DE BOURGES

> *Labora sicut bonus miles Christi Jesu.*
> Travaille comme un bon soldat du
> Christ Jésus. (II *Tim*, II, 3.)

MESSEIGNEURS [1],

MON RÉVÉRENDISSIME PÈRE [2],

MESSIEURS DU CLERGÉ DE BOURGES [3],

MES FRÈRES,

Travailler et combattre; travailler jusqu'au complet épuisement de ses forces; combattre en vaillant soldat, sans se laisser arrêter ni par la crainte des blessures, ni par la perspective de la mort : cette exhortation de saint

---

[1] Mgr Lelong, Évêque de Nevers;
Mgr Boyer, Évêque de Clermont;
Mgr Augustin Marchal, Évêque titulaire de Sinope, premier Vicaire capitulaire de Bourges.
Mgr d'Hulst, Prélat de la Maison de Sa Sainteté, Recteur de l'Institut catholique de Paris, Député du Finistère.

[2] Le R. P. Albéric, Abbé de la Trappe de Fontgombault (Indre).

[3] Les prêtres du diocèse qui suivaient pendant cette semaine les exercices de la Retraite pastorale, prêchée par le P. Alfred, capucin, frère du Cardinal Mermillod, occupaient toute la partie supérieure de la grande nef.

Paul à son disciple Timothée résume bien les obligations essentielles de l'apostolat, en tant qu'il nous voue, de la part de Dieu, au service de l'Église et des âmes.

Notre mission est d'abord un labeur, et, je pourrais dire sans jouer sur les mots, un *labour,* puisque Jésus-Christ, avec lequel nous ne faisons qu'un par notre sacerdoce, nous établit les aides, les journaliers de ce Père céleste qui a bien voulu permettre à son divin Fils de l'appeler « l'agriculteur par excellence » : *Pater meus agricola est*[1]. *Dei sumus adjutores*[2].

Ce monde est le vaste champ qu'il nous donne à cultiver. *Ager est mundus*[3]. Enlever de ce champ les pierres qui l'encombrent, les épines qui l'embarrassent, les mauvaises herbes qui le stérilisent ; puis, creuser droits et profonds les sillons où nous jetterons à pleines mains les bonnes semences de la vérité, de la justice, des vertus évangéliques, *exiit qui seminat seminare*[4] *:* c'est un travail sans relâche.

Le psalmiste avait raison de montrer le laboureur arrosant de ses sueurs et de ses larmes cette terre qui ne livre les trésors de sa fécondité qu'en échange des plus vigoureux et pénibles efforts. *Euntes ibant et flebant, mittentes semina sua*[5].

---

[1] Joann., XV, 1.
[2] I Cor., III, 9.
[3] Matth., XIII, 38.
[4] Matth., XIII, 3.
[5] Ps., CXXV, 6.

Mais ce travail est en même temps une milice. L'ennemi de Dieu et des âmes ne nous permet pas de cultiver en paix le champ du père de famille. L'Évangile le nomme « le fort armé[1] ». Il mérite bien cette appellation. D'une activité que tient constamment en éveil la passion de mal faire, il ne laisse pas un moment de répit aux ouvriers de Jésus-Christ. Comme ces colons des continents nouveaux qui défrichent leurs terres au milieu de peuplades hostiles, si d'une main nous guidons la charrue, l'instrument pacifique de la culture, nous devons tenir l'autre toujours armée et prête à combattre : *Una manu sua faciebat opus et altera tenebat gladium* [2].

Honneur au ministre de l'Évangile, dans lequel, sans altérer la vérité par d'indignes flatteries, on peut montrer tout à la fois l'ouvrier infatigable sans cesse appliqué à sa tâche et le soldat discipliné, courageux, qui a obéi, jusqu'à la mort inclusivement, à la consigne du devoir et de l'honneur.

Tel a été, durant trente années de sacerdoce et dix-sept d'épiscopat, le pontife que pleurent trois diocèses de France, Monseigneur JEAN-JOSEPH MARCHAL, ancien vicaire général de Saint-Dié, évêque de Belley, appelé depuis 1880, par Léon XIII, à s'asseoir sur ce siège métropolitain de saint Ursin de Bourges, auquel l'ancienne hiérarchie de l'Église des Gaules avait annexé les préro-

---

[1] Luc., XI, 21.
[2] II *Esdr.*, IV, 17.

gatives glorieuses de Patriarcat et de Primatie des Aquitaines.

I

Né au pied de ces montagnes des Vosges[1] qui, hélas! depuis vingt-deux ans, forment du côté de l'est la frontière extrême de la France, Joseph se montra dès ses jeunes années un enfant docile et appliqué, un écolier studieux, attentif à ne rien perdre des leçons élémentaires que lui donnait un oncle paternel à l'ombre d'un modeste presbytère de village.

Aux mauvais jours de la Révolution, quand l'impiété déchaînée et triomphante faisait une guerre inexpiable à la foi chrétienne, à l'Église, au sacerdoce, les grands parents du jeune Marchal avaient donné asile à des prêtres proscrits.

Il serait facile de montrer, par l'histoire religieuse de nos diocèses, combien souvent Dieu s'est plu à récompenser par de visibles bénédictions ces actes de charité dont l'héroïsme pouvait si aisément coûter à leurs auteurs la liberté ou la vie.

Derrière eux, dans les familles qui avaient abrité, avec leurs personnes, les plus saints mystères de la religion, ces vénérables confesseurs de la foi semèrent les germes féconds de vocations sacerdotales destinées à éclore long-

[1] Le 22 avril 1822, à Raon-l'Étape.

temps même après leur passage dans ces foyers hospitaliers et à préparer de meilleurs jours pour l'Église de France.

Deux des quatre enfants orphelins que le bon curé de Tendon [1], leur oncle, avait reçus chez lui et auxquels il avait généreusement donné le pain du corps et le pain de l'intelligence, Joseph et Augustin devaient être appelés à la grâce insigne de devenir un jour des ouvriers et des soldats de Jésus-Christ dans les rangs du sacerdoce ; à tous deux même, il était réservé de monter un jour jusqu'au sommet de la hiérarchie et d'être élevés à la dignité épiscopale.

Je parle aujourd'hui en présence d'Augustin. Il m'a demandé de vous faire connaître la vie et les œuvres de son frère aîné. Puissé-je répondre à sa confiance et à celle de cette grande église en deuil !

Après avoir terminé au Petit-Séminaire ses études classiques, marquées chaque année par de brillants succès, Joseph entra au Grand-Séminaire de Saint-Dié.

La sagacité et la maturité précoces de son esprit, son application persévérante au travail, l'habitude qu'il avait déjà contractée de ne se laisser rebuter par aucune difficulté et de pousser à fond ses efforts intellectuels, le désignèrent bien vite à l'attention des Directeurs du Séminaire. Ils eurent hâte de s'associer un collaborateur que la

[1] Paroisse de l'arrondissement et du canton de Remiremont (Vosges).

Providence avait si libéralement doué des aptitudes nécessaires aux importantes fonctions de l'enseignement. Aussitôt après son ordination au diaconat, ils lui confièrent la classe de philosophie et, peu d'années après, celle de théologie dogmatique[1].

Je dois à une bienveillante communication de pouvoir faire connaître, dans ses traits essentiels, la méthode que le jeune professeur sut se créer, non seulement pour donner à ses élèves une instruction solide et approfondie ; mais, ce qui n'est pas moins précieux, pour leur communiquer ce que l'on peut appeler sans fausse rhétorique « le feu sacré ». Il s'agit en effet d'allumer dans les futurs ministres du sanctuaire et apôtres de l'Évangile cet amour de la vérité divine dont ils devront plus tard, suivant une belle parole d'Isaïe, communiquer tout autour d'eux à d'autres âmes, la lumière bienfaisante et les saintes ardeurs : *Ecce vos omnes accendentes ignem accincti flammis, ambulate in lumine ignis vestri et in flammis quas succendistis*[2].

---

[1] Réserve faite de certaines nécessités impérieuses auxquelles on est obligé de tout subordonner, de telles exceptions ne sauraient, sans de très graves inconvénients, devenir la règle ordinaire du recrutement des professeurs soit dans nos grands, soit dans nos petits séminaires. S'il est vrai de dire avec un illustre penseur « qu'enseigner, c'est apprendre deux fois », à tout le moins faudrait-il éviter d'improviser, surtout pour les hautes classes, des maîtres qui ont à peine quitté les bancs des écoliers et n'apportent aucun acquit à l'accomplissement de leurs fonctions. A cet égard, les écoles de hautes études annexées à nos universités libres sont appelées à rendre de très grands services au clergé.

[2] *Is.*, L, 11.

Après avoir fait choix d'un manuel élémentaire[1], l'abbé Marchal s'imposa l'obligation de lire, sur chacune des questions traitées par l'auteur, les Pères de l'Église, les grands théologiens et même les écrivains ascétiques. Il avait déjà la préoccupation qu'il a gardée toute sa vie, de ne jamais séparer la science purement dogmatique de ses applications aux devoirs du ministère pastoral, et, par conséquent, à la conduite morale des âmes et à leurs progrès dans la pratique des vertus chrétiennes.

Combien, j'en suis sûr, il eût goûté cette parole un peu rude et originale d'un docteur de nos anciennes universités : « Il faut siffler le professeur de théologie qui « agite froidement des questions très difficiles pour faire « montre de son habileté, et qui laisse de côté, comme « trop connu et banal, tout ce qui peut développer la « piété et l'amour de Dieu[2]. »

De ces divers éléments, groupés dans un ordre logique et harmonieusement fondus entre eux, le professeur com-

---

[1] Les *Prælectiones theologicæ*, du P. Perrone, le savant jésuite dont l'enseignement eut tant d'éclat au collège romain.

[2] Exsibilandus est theologiæ magister qui rigidas et valde implexas quæstiones agitat, ostendens quantum in palæstra litteraria profecerit; quæ vero ad charitatem et pietatem conducunt, tanquam pervia et exposita negligens. (BARTHELEMY MÉDINA, cité par Contenson, *Theologia mentis et cordis*, 1, præloq. I, appendix 2ª.)

Le P. Contenson (né en 1641, mort en 1674), de l'Ordre de saint Dominique, ajoute pour son propre compte :

« La théologie mérite d'être cultivée avec un soin religieux, car elle « est, par elle-même, une racine de sainteté et la source très abondante « qui alimente toutes les vertus : *Quum .. de se radix sit sanctitatis et omnium virtutum copiosissima scaturigo.* (*Id., ib.*)

posait des thèses qu'il rédigeait avec tout le soin possible. Le début de chacune de ses leçons ressemblait à un catéchisme, et il avait soin de ne laisser passer aucun terme technique de la langue théologique sans l'avoir expliqué à fond. A lui tout seul, cet abrégé substantiel donnait aux élèves sur chaque question des notions si exactes et si claires qu'elles étaient aisément assimilées par tous les esprits. Le maître reprenait ensuite, les unes après les autres, ces données élémentaires ; à chacune d'elles il ajoutait les raisons théologiques qui en établissaient la vérité, les raisons philosophiques qui en faisaient ressortir les convenances et les rapports avec les aspirations légitimes de l'ordre naturel; enfin il montrait comment les déductions expérimentales des mystères les plus sublimes de la foi s'adaptaient admirablement soit aux exigences intimes de la piété individuelle, soit aux progrès généraux de la morale sociale, inséparables de la religion bien entendue et bien pratiquée.

Dès lors, et comme à son insu, le professeur de théologie s'inspirait d'une parole de saint Paul qui devait plus tard devenir sa devise épiscopale : « Faisons la vérité « dans la charité : *Veritatem facientes in charitate*[1] ».

Sans doute, entendu dans son sens le plus direct, ce texte nous prescrit à nous, ministres de l'Évangile, de ne jamais séparer la vérité, qui nous vient de Dieu, de la

---

[1] *Ephes.*, IV, 15.

charité qui unit à Dieu, mais en comprenant, comme élément essentiel, l'amour de nos frères.

Il est encore permis de trouver dans la recommandation de l'apôtre la formule de ce que doit être sur nos lèvres, à tous ses degrés et sous toutes ses formes, l'enseignement de la religion.

Oui, Messieurs, qu'il s'agisse du catéchisme élémentaire fait aux petits enfants, ou des instructions adressées aux fidèles, depuis le prône paroissial de nos églises de campagne jusqu'à ces grandes apologies que le P. Lacordaire inaugurait il y a plus d'un demi-siècle, et qui se continuent avec tant de science et d'éclat sous les voûtes de Notre-Dame de Paris, n'oublions jamais que ce serait peu de chose de démontrer la vérité des principes de la foi si, en même temps, nous n'excitions à leur égard ce sentiment de l'enthousiasme qui, par la force de son sens étymologique, ἐν Θεῷ, doit soulever les âmes et les porter jusqu'au sein de Dieu, le vivant idéal de la beauté parfaite, l'inextinguible foyer de l'amour éternel : *Veritatem facientes in charitate.*

L'abbé Marchal aurait volontiers consacré tout le reste de sa vie à ce ministère qui avait beaucoup d'attrait pour lui et dont il appréciait l'importance capitale, rien n'étant plus propre à favoriser les progrès du royaume de Dieu en ce monde que de préparer à l'Église un grand nombre de prêtres saints et instruits. Mais des occupations trop sédentaires et l'application excessive qu'il avait apportée à son travail avaient déjà altéré sa santé [1]. Ses supérieurs durent l'appeler à un genre de vie plus actif. C'était en 1851.

Le professeur devint curé, d'abord dans une petite paroisse rurale [2] où il resta quatre ans et fit promptement l'apprentissage des fonctions pastorales ; puis, dans la paroisse la plus populeuse du diocèse, Saint-Maurice d'Épinal, qui fut administrée par lui depuis 1855 jusqu'en 1864.

Villageois et citadins apprécièrent bien vite les qualités de l'excellent prêtre que l'Évêque du diocèse leur avait envoyé pour cultiver leurs âmes et leur faire porter en abondance les fruits de la vie éternelle.

Mais le bon ouvrier ne travaille pas seulement beaucoup ; il travaille encore bien, c'est-à-dire avec ordre et méthode. C'est le secret presque infaillible de multiplier le temps et de faire des heures fugitives qui composent la trame de la vie ces « jours pleins » célébrés par le Psalmiste [3], dont un seul, dit saint Pierre, peut équivaloir devant Dieu à mille années [4]. Après avoir obtenu de l'administration diocésaine qu'elle porterait de quatre

---

[1] Il fut même obligé d'interrompre son cours pendant l'année 1847 et de prendre un complet repos, tout en continuant à demeurer au séminaire.

[2] Damas-devant-Dompaire, dans l'arrondissement de Mirecourt.

[3] Dies pleni invenientur in eis. (*Ps.* LXXII. 10.)

[4] Unus dies apud Dominum sicut mille anni. (II *Petr.* III. 8.)

à six le nombre de ses vicaires, le curé de Saint-Maurice partagea entre eux tous les détails du ministère paroissial. Chacun de ses collaborateurs avait sa tâche très nettement délimitée. Œuvres de zèle et de charité, catéchismes, confréries, chaque service avait son chef responsable. Mais le curé avait l'œil à tout, se faisait rendre compte de tout, et ramenait ainsi la multiplicité des efforts accomplis à l'unité d'une idée directrice d'où rayonnait sur tout l'ensemble le mouvement et la vie.

A vrai dire, le nouvel évêque de Saint-Dié, Mgr Caverot [1], formé lui-même à l'école d'un des évêques les plus laborieux et les meilleurs administrateurs de ce siècle, le cardinal Mathieu, archevêque de Besançon, n'avait confié la cure d'Épinal à l'abbé Joseph Marchal que pour lui donner occasion de faire apprécier, d'abord par le clergé, puis par les autorités civiles, son aptitude remarquable à manier les affaires et à traiter avec les hommes.

Aussitôt que les circonstances le lui permirent, il appela près de lui un prêtre qui pouvait l'aider d'une manière si efficace pour le gouvernement du diocèse. En 1864, le curé d'Épinal fut nommé vicaire général titulaire.

Tout récemment, un de nos hommes politiques, soucieux d'opérer d'importantes économies dans nos finances et d'aider ses collègues de la Chambre à équilibrer notre

---

[1] Précédemment curé de la Cathédrale et vicaire général de Besançon.

budget, confiait aux indiscrétions intentionnelles et professionnelles de la presse ses pensées et ses projets relativement aux vicaires généraux. Il annonçait l'intention de provoquer leur suppression, en tant qu'ils exercent des fonctions rétribuées par l'État. D'après lui, l'institution n'est pas concordataire. Quant aux personnages, ils ne sont bons à rien, ou s'ils servent à quelque chose, c'est à faire du mal, puisque d'ordinaire ce sont eux qui excitent les évêques à guerroyer contre le Gouvernement[1].

Messieurs les vicaires généraux sont trop bons chrétiens pour retourner cette proposition contre son auteur et demander qu'on lui applique la peine du talion. Combien de Français cependant seraient disposés à penser que les hommes inutiles — quand ils ne sont pas nuisibles — ne sont pas tous dans les chancelleries de nos évêchés et qu'il y aurait peut-être des épurations et des économies plus pressantes à faire, avant de toucher aux prêtres laborieux, modestes, dévoués, sans le concours desquels, je le dis

---

[1] « Les vicaires généraux ne rendent aucun service à l'État, et je pourrais « ajouter qu'ils n'en rendent pas davantage à l'Église. Choisis par l'Évê- « que, ils ne sont utiles qu'à lui, quand ils ne lui sont pas nuisibles. Ils re- « présentent par excellence l'élément belliqueux ». (M. Dupuy-Dutemps, député du Tarn, rapporteur de la commission du budget, *interviewé* par un rédacteur du journal le *Matin*. Juin 1892.) Il ne sera pas sans intérêt d'ajouter que le même député demande aussi une réduction notable du nombre des évêchés. Il en donne pour raison que « en agrandissant les « diocèses des évêques qui seront conservés, on diminuera leur influence, « laquelle perdra en profondeur ce qu'elle gagnera en étendue ». (*Id., ib.*) On voit que la race des grands hommes d'État n'est pas près de disparaître en France.

bien haut et en connaissance de cause, il serait à peu près impossible aux évêques de France de remplir leur mission.

L'abbé Marchal porta dans ses nouvelles fonctions les habitudes de travail persévérant, d'ordre, de régularité qui l'avaient si bien servi au temps où il était professeur et curé. Les correspondances et les affaires étaient expédiées avec la plus rigoureuse exactitude par le vicaire général. La droiture naturelle de son caractère et sa connaissance approfondie de la science administrative rendaient faciles ses relations avec les représentants du pouvoir civil. D'autre part, dans cette situation délicate où un prêtre se trouve être le supérieur hiérarchique d'autres prêtres qui sont ses égaux par l'ordination sacerdotale, il sut exercer l'autorité tout à la fois sans faiblesse et sans raideur et conquérir, non seulement l'estime, mais l'affection des membres du clergé diocésain pour lesquels il était moins un surveillant qu'un conseiller, un guide, un frère aîné sur le bras duquel il faisait bon s'appuyer.

Tandis qu'il s'acquittait de ses devoirs professionnels avec la plus consciencieuse ponctualité, l'abbé Marchal n'oubliait pas qu'il avait été homme d'étude. Loin de s'absorber tout entier dans ses occupations quotidiennes, il se réservait des loisirs pour d'autres travaux et il avait raison.

Les prêtres appliqués aux fonctions du ministère extérieur ou aux affaires administratives s'imaginent parfois gagner tout le temps qu'ils enlèvent à la prière, aux exercices de piété et même à des occupations d'ordre intellectuel, indépendantes de leurs obligations d'état.

C'est une grande erreur.

Sans parler de la qualité du travail, sa quantité elle-même ne dépend pas uniquement de la durée chronologique des instants qu'on y emploie. Il faut aussi tenir compte, et grand compte, de l'équilibre, de l'hygiène, de la santé des facultés qui sont l'instrument de ce travail.

Or, c'est le propre de l'esprit de l'homme de se faire, pour ainsi dire, à la mesure des objets qui l'occupent et des aliments dont on le nourrit.

A capacités égales entre deux intelligences, mettez dans l'une beaucoup de petites affaires, de petits détails, de petites préoccupations, elle s'encombre et se rétrécit. Elle ne dispose plus des grands ressorts qui font les grands élans. Elle s'agite, tourne et s'épuise dans le cercle toujours plus resserré de ses étroits horizons. Elle produit moins de travail et le travail est de moins bonne qualité.

Au contraire, mettez dans l'autre quelques grandes idées ; ayez soin d'entretenir en elle le souci, la curiosité, la passion des questions capitales qui s'agitent parmi les hommes et qui toutes, plus ou moins directement, se rattachent à l'intérêt suprême des conquêtes et des progrès de la vérité chrétienne, un tel régime dilatera l'âme dans tous les sens. Elle acquerra plus de souplesse et plus de vigueur. Le travail accompli par elle, en quelque genre que ce soit, deviendra plus abondant et meilleur.

Oui, en vérité, celui qui est fidèle à se retremper régulièrement aux sources de la vie d'en haut, par la prière d'abord, puis par l'étude appliquée au culte désintéressé de la vérité, celui-là développera en lui-même une énergie dont bénéficiera l'accomplissement de tous ses autres devoirs. Ce que l'âme pieuse aime à dire des heures d'adoration qu'elle consacre à l'Hôte du tabernacle eucharistique :

Je gagne tout le temps que je passe avec vous,

elle peut, sans paradoxe, l'appliquer à la lecture de l'Écriture Sainte, des Pères de l'Église, des livres de théologie et de philosophie, et même de ces œuvres littéraires ou scientifiques dans le commerce desquelles ses facultés intellectuelles renouvellent leurs forces et deviennent plus capables de servir la cause de Dieu. N'est-ce pas là ce que nous enseigne saint Augustin, lorsque, dans une saisissante antithèse, il met en regard les uns des autres les efforts laborieux qu'imposent les obligations de la charité et les saints loisirs uniquement employés à la recherche et à la méditation de la vérité : *Otium sanctum quærit charitas veritatis, negotium justum suscipit necessitas charitatis*[1].

[1] S. Aug., de Civ. Dei., l. XIX, c. xix.

« Si le fardeau des préoccupations et des affaires nous est
« imposé, ajoute le saint docteur s'adressant spéciale-
« ment aux pasteurs des âmes, nous devons le porter
« avec courage. Mais, même en ce cas, ne nous lais-
« sons pas opprimer par le tumulte des œuvres exté-
« rieures; ne renonçons jamais aux chastes délices
« attachées à la contemplation de la vérité, de crainte
« que la douceur de son commerce ne nous soit ravie et
« que nous ne soyons écrasés par le poids des affaires [1]. »

Le vicaire général de Saint-Dié, qui professait déjà pour saint Augustin un culte auquel il est demeuré fidèle toute sa vie, se serait bien gardé de mépriser des conseils d'une si haute sagesse. Aussi, sans négliger aucune de ses occupations professionnelles, trouva-t-il le temps de composer un livre qui intéressait à la fois sa piété sacerdotale et son patriotisme d'enfant des Vosges.

Pour réunir les matériaux nécessaires à son œuvre, il passa plusieurs mois à Rome dans le courant de 1869. Puis, en 1870, c'est-à-dire l'année même où la longue absence de Mgr Caverot, retenu loin de son diocèse par les travaux du Concile, augmentait sensiblement les labeurs, les soucis et la responsabilité de son vicaire général, celui-

---

[1] Si imponitur sarcina, suscipienda est propter charitatis necessitatem; sed nec sic omni modo veritatis delectatio deserenda est, ne subtrahatur illa suavitas et opprimat ista necessitas. (*Id., ib., ib.*)

Il dit ailleurs: Ego requiesco a negotiosis actibus et animus meus divinis se intendit affectibus. (*Tract. in Joann.*, LVII, n° 3.)

ci écrivit la vie de l'abbé Moye, prêtre du diocèse de Saint-Dié, fondateur de la Congrégation enseignante de la Providence de Portieux, missionnaire en Chine pendant douze ans (1771-1783), mort en 1793, laissant après lui, avec une œuvre qui a survécu aux orages de la Révolution, un renom d'héroïque vertu, bien voisin de la sainteté [1].

Dès les premières lignes de la préface mise en tête de ce livre, l'auteur parle avec une visible complaisance de « ces hommes que la Providence daigne associer à l'ac-
« complissement de ses desseins, mais dont l'action est
« ignorée du monde et qui souvent ne connaissent pas
« eux-mêmes l'importance de la mission qu'ils ont à
« remplir.

«... Ils vivent dans le silence et l'obscurité et disparais-
« sent avant que leurs œuvres en se développant les aient
« désignés au souvenir et à la reconnaissance des généra-
« tions qui recueilleront les fruits de leurs travaux.

« D'ailleurs, le concours de ces ouvriers connus seule-
« ment du Père céleste qui les a choisis, n'est ni moins
« nécessaire, ni moins efficace que celui de leurs frères
« plus illustres... [2]. »

J'aime à trouver sous la plume d'un prêtre que son seul mérite avait élevé à une des situations les plus honorables du ministère ecclésiastique l'expression sincère de cette

---

[1] La cause de l'abbé Moye a été introduite, et l'Église permet de lui donner le titre de *Vénérable*.
[2] *Vie de M. l'abbé Moye*, Paris, Retaux et Bray, préface, p. 1.

estime, de ce goût, j'allais dire de cette prédilection pour l'activité silencieuse qui s'enveloppe d'humilité et se contente de plaire « au Père qui voit dans le secret », *Pater, qui videt in abscondito, reddet tibi*[1] ».

Or, par une de ces dispensations providentielles dont il ne serait pas difficile d'expliquer le beau et instructif mystère, c'est au moment même où l'abbé Marchal trahissait son amour du travail accompli pour Dieu seul, loin des regards et des applaudissements des hommes, qu'il allait être appelé à gravir le faîte de la sainte hiérarchie, et, suivant la comparaison du Sauveur dans l'Évangile, « placé sur le chandelier[2] » afin d'éclairer de sa lumière une partie plus considérable de l'Église.

Au mois d'août 1875, l'Évêque qui gouvernait depuis quatre ans seulement le diocèse de Belley, où il a laissé de sa personne, de son caractère, de sa piété, de son zèle, de sa charité des souvenirs ineffaçables, Mgr Richard[3] devenait, malgré sa résistance, le coadjuteur du vénérable Cardinal Guibert, archevêque de Paris.

Sacrifiant généreusement à un bien d'un ordre plus élevé et plus étendu les convenances particulières de ses affections et de ses intérêts, Mgr Caverot présenta son vicaire général pour le siège vacant. L'accord se fit immédiatement entre Paris et Rome sur le nom d'un prêtre que

---

[1] Matth., vi, 4.
[2] S. Matth., v, 14-15.
[3] Aujourd'hui le Cardinal Richard, archevêque de Paris.

tant de titres recommandaient. Le 8 septembre, sous les auspices de la sainte Vierge, dans la cathédrale de Saint-Dié, Jean-Joseph Marchal recevait l'onction qui fait les évêques.

Peu de temps après, il quittait ses chères Vosges et la famille sacerdotale dans les rangs de laquelle il avait travaillé pendant trente années avec tant d'application, de suite, de modestie, de persévérance et de succès. Lui-même était mis à la tête d'un clergé. Suivant l'expression d'un concile du ixe siècle que vous me permettrez de traduire en langage contemporain, il devenait « chef d'atelier », dans ce grand laboratoire où l'Église catholique travaille sans relâche à l'œuvre de Dieu [1].

II

L'apôtre saint Paul définit l'épiscopat « un noble ouvrage [2] ».

Dans sa langue liturgique, l'Église appelle un fardeau *Onus*, les trois ordres supérieurs de la hiérarchie sacrée, le diaconat, la prêtrise, l'épiscopat.

Il va de soi que plus on est placé haut dans cette société fondée par le divin travailleur de Nazareth, plus le labeur devient considérable, plus le poids à porter est lourd.

---

[1] Episcopi primi in Ecclesia ipsi fabricæ Dei præsunt. (*Conc., roman. ann.* 863.)
[2] Κάλον ἔργον, bonum opus. (1 Tim., iii. 1.)

Que dire de l'épiscopat ?

Amis et frères vénérés que, depuis quinze et quatorze ans, je vois non seulement avec une joie profonde, mais — j'ai le droit de parler ainsi — avec une légitime fierté, travailler d'une façon si visiblement bénie de Dieu au service des diocèses de Nevers et de Clermont [1], j'en appelle à votre témoignage : Saint Basile le Grand a-t-il exagéré lorsque, s'adressant à un évêque nouvellement élu, il lui disait : « Si vous étiez abandonné à vos seules « forces, le fardeau dont on a chargé vos épaules ne serait « pas seulement lourd à porter ; il serait complètement « intolérable. Mais le Seigneur est là qui vous aidera à en « soutenir la pesanteur [2]. »

C'est bien le cas de rappeler ici le vieux dicton de nos pères : « Aide-toi, le ciel t'aidera ».

Oui, sans doute le ciel nous aide, et sans lui, comme le dit si justement saint Basile, nous serions absolument incapables de suffire à la tâche. — Mais de son côté, Dieu exige la coopération de notre bonne volonté et de notre courage. Il nous demande « de travailler comme de bons « soldats du Christ Jésus ». *Labora sicut bonus miles Christi Jesu.*

Professeur au Grand-Séminaire, curé, vicaire général, l'abbé Marchal avait déjà beaucoup et bien travaillé.

---

[1] Mgr Lelong, évêque de Nevers, né à Chàlon-sur-Saône, ancien vicaire général d'Autun ; Mgr Boyer, évêque de Clermont, né à Paray-le-Monial, au diocèse d'Autun.

[2] Saint Basile le Grand, lettre 161e à l'évêque Amphilochius.

Évêque du diocèse de Belley, auquel il aurait voulu pouvoir consacrer tout le reste de sa vie, comme en font foi ses instances auprès du Pape, afin de n'être pas promu à une situation plus haute[1]; devenu cependant malgré lui, et par pure obéissance, archevêque de Bourges, il n'eut qu'à persévérer dans les habitudes de sa vie sacerdotale pour être plus que jamais bon ouvrier et vaillant soldat. Je puis lui appliquer ce que saint Grégoire de Nazianze dit du vieil évêque son père selon la nature, dont il devait être l'auxiliaire et le successeur : « Toujours constant avec lui-
« même et fidèle à marcher dans ses premières voies, il
« mit la plus belle harmonie entre les travaux de sa vie de
« prêtre et ceux de son épiscopat[2]. »

Le second successeur de Mgr Marchal sur le siège de saint Anthelme lui rendait naguère un hommage que je lui emprunte et que j'étendrai, sans distinction de temps ni de diocèse, à l'Évêque qui, durant dix-sept ans, s'est si consciencieusement acquitté des devoirs de sa charge. Ici et là, en Bresse et en Berry, il a montré « une
« intelligence prompte et élevée, un caractère grave,
« une entente remarquable des affaires, une rare aptitude
« pour le gouvernement et pour l'administration, l'amour
« de l'ordre, un profond esprit de foi, un dévouement

---

[1] J'ai eu sous les yeux la copie de ses deux lettres à Sa Sainteté le Pape Léon XIII, 29 novembre et 8 décembre 1879.
[2] S. Grégoire de Nazianze, éloge funèbre de son père. (18e discours, no 15.)

« sans bornes à l'Église, une filiale soumission à l'égard
« du Saint-Siège.

« Plus on le pratiquait, plus on l'appréciait sous le
« rapport de l'esprit et du cœur[1]. »

Dans son mandement de prise de possession, le nouvel évêque, résumant avec modestie la carrière déjà parcourue par lui, au temps de sa vie sacerdotale, la caractérisait en ces termes : « Un travail sans repos ; une lutte sans trève[2]. »

Plus que jamais ces paroles allaient devenir la règle et la devise de son nouveau ministère. Dès son premier synode diocésain, devant ce clergé de Belley dont la fécondité glorieuse a donné à l'Église de France l'abbé Gorini et le saint curé d'Ars, Mgr Marchal encourageait ses prêtres en leur redisant les paroles mêmes de l'Apôtre à son fidèle Timothée : « Travaillez comme de bons soldats de
« Jésus-Christ ».

Certes, il avait déjà acquis le droit de tenir un pareil

---

[1] Mgr Luçon, évêque de Belley. Lettre du 30 mai 1892.

On a dit de Mgr Marchal qu'il avait l'écorce rude, « sentant son montagnard ». Il est vrai que par dessus toutes les qualités naturelles, il prisait la droiture et la loyauté parfaite des paroles et des actions. En certaines circonstances, lorsque sa conscience lui en faisait un devoir, il parlait net et franc ; et parfois ses interlocuteurs auraient été tentés de le trouver sévère. Mais on pouvait lui appliquer ce que saint Grégoire de Nazianze dit à ce même sujet de son père et prédécesseur, Grégoire l'Ancien.
« ceux mêmes qu'il était contraint de réprimander, étaient les premiers
« à l'admirer et à l'aimer parce qu'ils sentaient que ses paroles les plus
« vives étaient inspirées par leur meilleur intérêt et avaient pour principe
une réelle bonté. » (S. Greg. de Naz., 18e discours, n° 26.)

[2] Lettre pastorale du 8 septembre 1875.

langage. Mais la loyauté native de son caractère et la surnaturelle délicatesse de sa conscience devaient lui imposer plus que jamais l'impérieux devoir de faire toujours le premier ce qu'il recommandait aux autres, suivant la règle des saints si fortement inculquée par le pape saint Grégoire à tous ceux qui exercent dans l'Église une part d'autorité[1].

Je n'entreprendrai pas de récapituler, même d'une manière sommaire, les œuvres accomplies par le laborieux ouvrier pendant ses dix-sept années d'épiscopat. Au commencement de ce discours, je m'autorisais d'une comparaison de l'Évangile pour caractériser le travail dont nous charge le Maître de ce champ qui est le monde.

Labourer, semer, moissonner; puis, labourer encore et, chaque année, recommencer les mêmes travaux dans le même ordre : telle est la vie de l'agriculteur. C'est aussi la nôtre. Si parfois certains incidents différencient une année d'avec celles qui la précèdent ou la suivent, d'ordinaire elles se ressemblent beaucoup entre elles. On chercherait vainement dans l'enchaînement régulier de nos travaux et de nos fonctions ces incidents dramatiques et imprévus qui seraient une si bonne fortune pour l'historien et pour l'orateur.

Cependant, sur ce fond d'une édifiante monotonie se

---

[1] Sit rector operatione præcipuus, ut vitæ viam subditis vivendo denuntiet. Qui loci sui necessitate exigitur summa dicere, hac eadem necessitate compellitur summa monstrare. (S. Greg., *Lib. Past.*, l. II, c. III.)

détachent parfois certains épisodes, que les circonstances et les nécessités des temps mettent davantage en relief.

S'il est de nos jours une œuvre qui s'impose à l'attention, à la conscience, au zèle des ouvriers du royaume de Dieu, c'est assurément l'éducation et l'instruction chrétiennes de l'enfance et de la jeunesse.

Jamais, assurément, les Évêques n'ont négligé une partie de leur ministère que l'on peut dire être essentielle, puisque de la manière dont elle est remplie, dépendent la conservation et la transmission de la foi à travers les générations qui arrivent à la vie et préparent l'avenir. Mais, jusqu'à une époque reculée, les pasteurs de l'Église, évêques et prêtres, n'étaient pas seuls à porter le poids et la responsabilité de ce labeur.

Au sein même d'une société qui avait beaucoup trop subi l'influence des doctrines naturalistes mêlées par le mouvement de 89 à de légitimes revendications, les pouvoirs publics, guidés par la juste appréciation de leurs devoirs envers une nation baptisée, s'étaient bien gardés de séparer la religion d'avec l'instruction donnée au nom de l'État.

Due en grande partie à l'initiative d'un ministre étranger à notre foi, puisqu'il était protestant, mais d'un homme politique de premier mérite — j'ai nommé M. Guizot — la loi organique de 1833 pour l'enseignement primaire faisait à la religion une place non seulement convenable, mais honorable dans la rédaction des programmes et des méthodes pédagogiques, dans la formation des maîtres, dans la tenue des écoles.

Les législateurs d'alors, imités en cela par ceux de 1850 qui travaillaient cependant en pleine constitution républicaine, auraient regardé comme une criante iniquité et comme un non-sens politique d'assujettir les enfants du peuple à un système d'éducation où il ne serait jamais fait devant eux, pendant leurs exercices de classes, la moindre allusion à la religion de leurs parents et à la leur.

Bien moins encore eussent-ils imaginé d'établir officiellement, et comme un rouage nécessaire au bon fonctionnement de l'État, l'antagonisme de l'instituteur et du curé.

Ils auraient craint par là d'allumer dans notre pays des « guerres plus que civiles » et d'attirer sur eux l'anathème prononcé par nos Livres saints, contre ceux qui sèment la discorde entre frères, et, par conséquent, entre concitoyens et enfants de la même patrie[1].

Hélas! c'est au lendemain même des désastres sans nom qui auraient rendu plus nécessaire que jamais la cordiale union de tous les Français que des hommes, aveuglés par cette haine de la religion dont on peut dire avec l'Évangile qu'ils sont *possédés*, ont organisé légalement un dualisme fatal entre l'instruction qui éclaire l'esprit et la religion nécessaire à l'âme.

[1] Odit Deus cum qui seminat inter fratres discordias. (*Prov.*, VI, 19.)

De là, ces écoles où, sous la tutelle vigilante et sévère de l'État, on applique à de jeunes catholiques des méthodes d'enseignement que l'on pourrait tout aussi bien employer, sans y changer un iota, s'il s'agissait d'élever de jeunes bouddhistes ou de jeunes mahométans.

En présence du péril religieux et social créé par ce régime, les ouvriers évangéliques ne sont pas demeurés inactifs. Gémir, c'est bien sans doute, et, Dieu le sait, nos âmes pastorales ont redit souvent la plainte pathétique de Jérémie : « Mes yeux versent des larmes et il n'y a per-« sonne qui puisse me consoler : parce que l'ennemi « est devenu le plus fort et que mes enfants sont conduits « à leur perte[1]. »

Mais ce n'était pas assez de gémir, il fallait agir, travailler, se donner de la peine.

Le clergé et les catholiques de France ont agi et travaillé. Dieu seul peut savoir ce qu'ils ont accumulé d'efforts et de sacrifices pour atténuer les effets du nouveau et déplorable système d'enseignement public.

Créer et entretenir, partout où cela serait possible, des écoles dans lesquelles les maîtres et les maîtresses ne commettraient pas un délit justiciable des lois lorsqu'ils feraient réciter aux enfants leurs prières et leur catéchisme ;

---

[1] Idcirco ego plorans et oculus meus deducens aquas: quia longe factus est a me consolator; facti sunt filii mei perditi, quoniam invaluit inimicus. (*Lam. Jer.*, 1, 16.)

Fortifier, développer, perfectionner dans tous les sens, l'enseignement de la religion destiné à l'enfance et à la jeunesse afin de combler des lacunes lamentables ;

Éclairer par de plus vives et décisives lumières la conscience des parents ; les empêcher de s'endormir dans une fausse et dangereuse sécurité ; leur rappeler avec énergie qu'ils ont charge d'âmes, et qu'il ne leur est pas permis de se désintéresser de la formation religieuse de leurs enfants :

Voilà ce qui a été fait, et je puis dire supérieurement fait par Mgr Marchal, dans les deux diocèses de Belley et de Bourges.

On l'a dit dans une substantielle et intéressante monographie publiée peu de jours après la mort du vénéré Prélat [1], et je souscris entièrement à cette appréciation:

Les instructions pastorales de Mgr Marchal sur ces graves questions forment dans leur enchaînement logique un des meilleurs traités de pédagogie pratique dont puissent s'inspirer des parents et des maîtres vraiment soucieux de s'acquitter dignement de leurs devoirs et de répondre aux vues de Dieu, de l'Église et de la société.

L'Archevêque prend l'enfant dès sa naissance à la vie de la grâce par le baptême. Il le conduit pas à pas, d'étape en étape, d'abord à sa première confession, puis à sa pre-

---

[1] *Notice sur Mgr l'Archevêque de Bourges*, par M. l'abbé Auguste Lorain, Directeur des Œuvres catholiques de la ville de Bourges et de la *Semaine religieuse* du diocèse.

mière rencontre eucharistique avec Jésus-Christ et à sa confirmation.

Il indique les moyens de développer, à l'aide d'exercices sagement gradués, les notions élémentaires d'instruction religieuse reçues par lui et de protéger contre les premiers et perfides assauts des passions les impressions de grâce reçues à l'occasion de la première communion. Il l'achemine ainsi, à travers la crise périlleuse de l'adolescence, jusqu'au seuil même de la vie virile, c'est-à-dire jusqu'au moment décisif où il devra se déterminer pour un état de vie. Le zélé pasteur couronne tout cet ensemble de conseils par deux instructions consacrées, l'une à l'état du mariage qui est la destinée la plus ordinaire, l'autre à la vocation sacerdotale ou religieuse qui est réservée à un petit nombre de privilégiés.

Toutefois, saint Paul nous le rappelle, il ne suffit pas au ministre de Jésus-Christ de travailler comme un laborieux et infatigable ouvrier. Encore une fois « l'homme ennemi, le fort armé » est là qui ne cesse de l'épier, de le harceler, de lui tendre des embûches, d'interrompre ou de détruire son ouvrage. L'ouvrier de l'Évangile doit en même temps être soldat. *Una manu sua faciebat opus, altera tenebat gladium.*

C'est de l'Église que les commentateurs entendent le psaume cxxviii[e] où sont prophétisés tous les assauts qui lui seront livrés par les pécheurs; tous les coups dont ils l'accableront[1].

Elle-même, la sainte Église, dans le pontifical pour l'ordination des diacres, se compare à une armée toujours en marche, toujours en combat[2].

Déjà le sacrement de confirmation imprime au chrétien le caractère sacré de soldat de Jésus-Christ. Quand saint Paul veut faire comprendre aux Éphésiens les devoirs et les périls qui les attendent, il emploie à dessein un langage tout militaire, et il énumère une à une toutes les pièces de l'armure sous laquelle ils devront s'engager dans la bataille et lutter énergiquement pour l'honneur de Dieu et pour le salut de leurs âmes[3].

S'il en est ainsi des simples fidèles, à plus forte raison ces comparaisons conviennent-elles aux prêtres, aux évêques, capitaines et chefs supérieurs dans la milice chargée d'établir partout le règne victorieux de l'Évangile[4].

« Quel honneur! s'écrie saint Jean Chrysostôme, d'être
« le soldat de Jésus-Christ! Mais aussi, ne me parlez pas de
« ces hommes qui ne voient dans l'épiscopat que l'éclat
« extérieur d'une haute dignité et le repos ; — qui s'en

---

[1] Sæpe expugnaverunt me a juventute mea. Supra dorsum meum fabricaverunt peccatores. (Ps. cxxviii.)

[2] Ecclesia Dei quae semper in procinctu posita, incessabili pugna contra inimicos dimicat. (Pont. rom. in ord. Diac.)

[3] Éphésiens, vi. 11-17.

[4] Tim., i. 18.

« chargent comme d'une chose aisée, facile, où l'on peut
« se donner du bon temps et dormir tout à l'aise¹ ».

Oui, certes, ce serait pour nous une grande honte et une faute impardonnable si nous étions capables de supporter avec une lâche indifférence les incursions de l'ennemi dans ce territoire sacré des consciences confiées à notre garde. Ici, pas de neutralité possible. Quand Jésus-Christ et son Église sont sans cesse attaqués dans leurs droits les plus essentiels, dans leurs plus nécessaires libertés, n'être pas ouvertement avec eux pour les défendre, c'est être moralement contre eux pour les trahir.

Sans doute, dans ses protestations contre les attentats si fréquemment dirigés parmi nous contre la religion, Mgr Marchal a mis la mesure et la discrétion qui étaient dans son tempérament. Il a dit la vérité avec des ménagements qui pouvaient la mieux faire accepter. Mais il ne l'a jamais retenue captive dans des calculs d'intérêt personnel dont sa droiture d'honnête homme et sa conscience d'évêque auraient eu horreur.

Dès les premières discussions parlementaires sur le projet de loi qui devait restreindre parmi nous la liberté de l'enseignement supérieur et porter le plus grave préjudice aux universités créées à grands frais par les évêques,

---

¹ S. Jean Chrysos., homélie IIIᵉ sur les *Actes des Apôtres*, nᵒ 4 et IVᵉ homélie sur la seconde épître à Timothée, ch. II, nᵒ 4.

avec le concours du clergé et des catholiques de France [1], l'Évêque de Belley disait avec une énergie qu'aucun de ses collègues n'a surpassée :

« De toutes les tyrannies, la plus odieuse et la plus
« insupportable, c'est celle qui consiste à enlever aux
« parents le droit et le pouvoir d'élever ou de faire élever
« leurs enfants par des maîtres de leur choix, selon leurs
« vues et conformément aux inspirations de leur cons-
« cience. »

Cette revendication si ferme du droit des familles avait pour conclusion ces nobles paroles :

« Quand on laisse violer la justice envers un innocent,
« un seul, il ne faut plus compter pour soi sur la protec-
« tion de la justice. C'est la leçon de l'histoire, c'est aussi
« celle de l'honneur [2]. »

Dans ces dernières années, socialistes, possibilistes, anarchistes, se sont chargés de démontrer l'exactitude vengeresse et quasi-prophétique de ces paroles. La logique implacable de l'erreur et du mal a retourné contre les politiciens à courte vue les arguments sophistiques et les faux principes à l'aide desquels ils avaient cru pouvoir opprimer impunément l'Église sans qu'il leur en revînt

---

[1] A Belley et à Bourges, Mgr Marchal s'est toujours montré un des coopérateurs les plus actifs et les plus dévoués des Instituts catholiques de Lyon et de Paris, comme en font foi les lettres pastorales publiées par lui chaque année pour exciter le zèle et la charité de ses diocésains en faveur de ces grandes et coûteuses entreprises.

[2] Lettre de Monseigneur l'Évêque de Belley à un de ses diocésains. 15 avril 1879, page 4 et 5.

aucun mal. « Vous avez tissé des toiles d'araignée, s'é-
« crient les prophètes Isaïe et Osée ; semeurs de vent,
« vous n'avez que ce que vous méritez quand vous mois-
« sonnez les tempêtes [1]. »

Quelques semaines seulement après que Mgr Marchal avait pris possession du siège de Bourges, les fameux décrets du 20 mars 1880 venaient révéler aux catholiques de France l'implacable dessein formé par les sectaires de mettre hors la loi plusieurs de ces ordres religieux que des peuples protestants, mais sincèrement respectueux de la liberté, tiennent à honneur de protéger, qu'ils secondent même dans leurs œuvres de zèle et de charité.

Au milieu des travaux et des préoccupations de sa première visite pastorale l'Archevêque de Bourges écrivit au Président de la République. Il lui rappela que « le « droit et la liberté ne sont pas de vains mots et ne sau- « raient être le partage exclusif d'un parti ».

A l'encontre de ces théologiens laïques, si habiles à démontrer dans des journaux libre-penseurs comment les ordres religieux ne sont nullement nécessaires à l'Église et constituent plutôt pour elle une superfétation gênante dont elle a tout intérêt à être débarrassée, il disait avec autant de sagesse que de fermeté :

« S'il n'est pas essentiel à l'Église que tel ordre reli- « gieux subsiste actuellement, il l'est absolument que la

[1] Is., LIX, 6; Osee, VIII, 7.

« vie religieuse soit toujours possible dans la société
« chrétienne et que l'Église soit libre d'en régler les con-
« ditions. La force peut mettre obstacle pour un temps à
« l'exercice de ce droit, mais non le rendre nul ou en
« obtenir l'abandon. »

En terminant, il annonçait que si le pouvoir exécutif passait outre aux réclamations unanimes de l'épiscopat, « l'exécution des décrets détruirait pour longtemps la « paix religieuse du pays[1] ».

La passion anti-chrétienne l'a emporté sur le respect du droit et de la liberté. Les décrets ont été exécutés. La violence matérielle est venue en aide à l'iniquité morale. La France républicaine et réputée libre a vu renouveler sous ses yeux les procédés employés il y a un siècle par un Pombal, ministre de ces rois absolus qui contresignaient leurs ordonnances de cette formule, expression parfaite de l'arbitraire « car tel est notre plaisir ».

Je n'ai pas à rechercher ce que la religion y a perdu, j'ai peut-être le droit de demander ce que la liberté et la paix sociale y ont gagné.

Ce fut encore l'Archevêque de Bourges, un des premiers qui, dans une lettre adressée à un député du Cher, fit voir par les raisons les plus solides le tort que l'on porterait à l'Église si l'on astreignait les séminaristes au service mi-

---

[1] Lettre à M. Jules Grévy, Président de la République, datée de Menetou-Salon, 15 mai 1880.

litaire. « Cette question n'est pas politique, disait fort jus-
« tement Mgr Marchal ; elle est d'un ordre plus général :
« de l'ordre social et religieux. »

Comme nous l'avons tous fait, il avait eu grand soin de sauvegarder les exigences sacrées du patriotisme, et il n'avait eu que l'embarras du choix pour rappeler comment, dans la cruelle guerre de 1870-1871, sans porter les armes, sans faire le coup de feu, sans sortir des limites de leurs pacifiques et miséricordieuses attributions, « les « Frères et les membres du clergé séculier et régulier « avaient rempli leurs devoirs d'habiles et intrépides « ambulanciers, de zélés et charitables aumôniers [1] ».

Sur ce point, comme sur tant d'autres, nos plus légitimes réclamations sont demeurées sans résultat.

Les prérogatives de l'Église, consacrées non seulement par ses lois canoniques, mais par le respect séculaire de tous les peuples civilisés, ont été méconnues. Une atteinte profonde a été portée à l'économie de nos études ecclésiastiques et à cette préparation des futurs ministres du sanctuaire qui exige des conditions si spéciales. Nous n'avons même pas eu la consolation de penser que tant de douloureux sacrifices trouveraient leur compensation dans une amélioration notable de nos services militaires. Au témoignage des juges les plus compétents et les plus impartiaux, le préjudice qu'on nous a porté n'a profité en rien à la cause de la défense nationale.

[1] Lettre du 1er février 1881.

Quoi qu'il en soit de nos doléances, elles ne sauraient nous empêcher d'exprimer bien haut nos sentiments de profonde sympathie pour notre vaillante armée et d'y ajouter le témoignage de notre reconnaissance pour les égards pleins de courtoisie avec lesquels nos chers enfants, les élèves de nos séminaires, ont été reçus dans ses rangs. Il me sera d'ailleurs permis de rappeler qu'ils ont su s'en montrer dignes. Ils ont mis en pratique nos instantes recommandations de faire honneur à l'éducation que l'Église leur a donnée ; d'être les plus consciencieux observateurs de la discipline, les plus respectueux pour leurs chefs, les plus fraternellement dévoués à leurs compagnons d'armes, enfin, toujours et partout— comme il sied à des soldats de Jésus-Christ — « sans peur et sans reproche ».

Trois fois, dans le cours d'une année, l'Archevêque de Bourges eut la joie et le grand honneur de conférer à des prêtres de son diocèse le caractère épiscopal.

Le premier fut un de ses vicaires généraux, Mgr Blanchet, montré plutôt que donné au diocèse de Gap qui eut à peine le temps d'apprécier le trésor dont l'Église de Bourges s'était dépouillée pour l'enrichir [1].

Le second fut un missionnaire appartenant à la société de Notre-Dame du Sacré-Cœur d'Issoudun, Mgr Navarre,

---

[1] Mgr Jean-Alphonse Blanchet, sacré dans la Cathédrale de Bourges, le 1er août 1887, mort le 18 mai 1888.

apôtre des tribus encore sauvages qui peuplent une des terres lointaines de l'archipel océanien [1].

Le troisième lui était donné il y a quatre ans par le Souverain-Pontife pour lui servir d'auxiliaire et lui permettre de travailler plus longtemps et avec plus de fruits.

Avec quelle touchante simplicité, le 2 juillet 1888, l'Archevêque sollicitait les prières de son clergé et de son peuple en faveur du prêtre sur la tête duquel il allait faire couler l'huile sainte !

Après avoir présenté à son diocèse celui qui « déjà son « frère par le sang, allait le devenir plus parfaitement « encore par la plénitude du sacerdoce », l'Archevêque ajoutait, (et là encore je retrouve l'écho fidèle de ses constantes préoccupations) :

« Un même amour pour Jésus-Christ nous a unis dès « notre jeunesse dans le sacerdoce. Désormais, cet amour « nous appliquera au même travail pour l'établissement « de son règne dans les âmes : *Pro Christo amor unus et* « *labor* [2] ».

Hélas, Monseigneur, malgré l'incomparable dévouement avec lequel, depuis quatre ans, vous vous êtes prodigué,

---

[1] Mgr André Navarre, d'abord évêque titulaire de Pentacomie, sacré le 30 novembre dans l'église paroissiale d'Issoudun, vicaire apostolique de la Nouvelle-Guinée, est, depuis le 17 août 1888, archevêque titulaire de Cirrhe.

[2] Lettre pastorale du 2 juillet 1888. Mgr Augustin Marchal, vicaire général de son frère, a été consacré le 30 juillet dans la Cathédrale de Bourges sous le titre d'Évêque de Sinope.

impendam et super impendar [1], pour alléger à votre bien-aimé frère et consécrateur le poids de la charge épiscopale, vous n'avez pu que le disputer un peu de temps à la mort. La cruelle ! Elle est venue, suivant la pathétique expression de saint Bernard, opérer une horrible séparation — *horrendum divortium* — entre deux frères si étroitement liés l'un à l'autre dans le partage des mêmes labeurs et des mêmes combats pour la cause de Jésus-Christ!

En me demandant aujourd'hui d'être l'interprète de votre douleur, ne m'avez-vous pas autorisé à révéler la blessure profonde que, moi aussi, je porte au cœur depuis bientôt sept mois ? C'est bien pour nous deux qu'il a parlé, cet admirable saint Bernard, le jour où, après avoir contenu par un effort surhumain les sanglots qui s'étaient accumulés dans sa poitrine devant la tombe à peine fermée de son frère Gérard, il leur donna enfin un libre cours et ne craignit pas de dire devant ses moines, témoins quotidiens de la force héroïque avec laquelle il supportait d'ordinaire les plus dures épreuves : « Lui parti, le cœur
« m'a manqué : *Subtracto siquidem illo, simul cor meum*
« *dereliquit me...* Oui, je l'avoue, je suis vaincu, ayez
« compassion de moi ! Il faut qu'elles s'échappent, ces
« larmes que j'ai trop refoulées au dedans de moi-même.
« *Fateor, victus sum..... Exeat necesse est quod intus*
« *patior... Exite, exite lacrymæ* [2]. »

[1] II *Cor.*, xii. 15.
[2] S. Bern., *Serm.* xxvi. *in Cant.*

Aussi bien, Monseigneur, avec et comme vous, ce n'est pas seulement au nom des affections de famille et des liens du sang, c'est bien à cause de l'Église, des intérêts de son apostolat, de son action sur les âmes que je pleure un frère qui était, lui aussi, un des vaillants ouvriers, un des soldats intrépides de Jésus-Christ !

Pardonnez-moi si je nomme tout haut mon Charles [1] à côté de votre Joseph dans cette antique basilique de Saint-Étienne où, il y a un demi-siècle et davantage, nos prières d'enfants et d'adolescents montèrent si souvent vers Celui qui devait un jour nous faire signe de quitter nos filets et de le suivre pour devenir « des pêcheurs « d'hommes » — comme il avait appelé sur les bords des lacs galiléens Pierre et André, Jacques et Jean, — comme il vous appelait vous-même, avec votre aîné, dans les jours lointains où un petit presbytère des Vosges abritait vos premières études et vos premiers jeux !

Mais, si nous pleurons tous les deux ces frères dont nous ne pouvons plus être séparés bien longtemps, nous ne voulons pas être des ingrats, et nos larmes ne sauraient étouffer en nous le cantique de la reconnaissance pour les grâces si visiblement répandues sur la vie et sur la mort de ceux qui nous ont quittés.

Oui, mon Dieu, soyez remercié et béni de ce que vous

[1] L'abbé Charles Perraud, chanoine honoraire d'Autun, mort à Paris le 18 janvier 1892.

leur avez donné de travailler et de combattre pour vous jusqu'à leur dernier soupir !

Soyez remercié et béni de leur avoir accordé à tous les deux le privilège, enviable entre tous, de faire servir leur agonie elle-même à confirmer les enseignements de leur apostolat, et à les rendre ainsi plus persuasifs et plus capables de vous gagner des âmes !

III

Quand l'Archevêque de Bourges sollicitait et obtenait du Souverain-Pontife le précieux secours d'un auxiliaire de ses fonctions pastorales, sa santé était déjà profondément altérée. Il pouvait s'approprier la parole de saint Paul : « Je m'en vais goutte à goutte, et le temps de ma « dissolution finale n'est pas éloigné[1]. »

A chaque instant, de cruelles infirmités venaient l'interrompre dans l'accomplissement de ses devoirs. Mais l'infatigable ouvrier était bien décidé à ne pas abandonner l'œuvre qui lui avait été confiée; soldat, il ne pouvait lui venir à l'esprit de déserter le champ de bataille sous prétexte qu'il était exposé à y recevoir une de ces blessures auxquelles on ne survit pas.

C'est précisément ce qui lui est arrivé.

---

[1] Ego enim jam delibor et tempus resolutionis meæ instat. (II Tim., iv. 6.)

Dans un livre de forte et profonde spiritualité, un pieux et savant jésuite, recteur du collège de Bourges où il achevait sa carrière en 1635, a dit une parole bien digne de nos plus sérieuses méditations :

« L'occasion d'une belle mort est si précieuse que nul
« homme sage ne la doit perdre, quand elle se présente¹. »

Il en a été ainsi pour Mgr Marchal. En toute vérité, je puis dire qu'il a été bien plutôt au devant de la mort qu'il ne l'a laissée venir à sa rencontre.

Quel simple et saisissant récit j'ai trouvé dans la lettre du 27 mai dernier, adressée au diocèse par MM. les chanoines du Chapitre métropolitain ! Je le citerai presque textuellement.

Monseigneur l'Évêque de Sinope, surpris par la maladie et succombant aux fatigues de la visite pastorale, avait dû s'aliter. Il était aux prises avec une bronchite et un épuisement général qui, durant plusieurs jours, donnèrent les plus vives alarmes. Mgr Joseph Marchal se mit en route pour aller le remplacer. La charité fraternelle renversait les rôles : c'était l'Archevêque qui allait porter secours à son auxiliaire.

Mais il était manifeste qu'il entreprenait une tâche au-dessus de ses forces. On le supplia de s'arrêter.

« *Jusqu'au bout,* » répondit-il à ceux qui, par leurs affectueuses sollicitations, s'efforçaient d'entraver sa marche et de le ramener en arrière.

¹ Le Père Louis LALLEMANT. *Doctrine spirituelle,* édition de 1844, p. 237.

« Mais, Monseigneur, lui fut-il répondu, vous y êtes, au bout de vos forces.

« *Soit*, répliqua-t-il, *et plus encore. Je ne puis imposer cette déception aux populations qui m'attendent, à un si grand nombre de confirmands qui ont été laborieusement préparés.* »

On croit entendre saint Paul répondant aux instances des anciens de Milet qui voulaient le retenir au milieu d'eux dans le pressentiment où ils étaient des douloureuses épreuves réservées à l'apôtre et au père de leurs âmes.

Il leur disait : « Oui, je le sais, et l'Esprit-Saint me l'a
« révélé, des chaînes et des tribulations m'attendent. Mais
« je ne crains rien de tout cela et je fais bon marché de
« ma vie, pourvu que j'aille jusqu'au bout de ma carrière
« et que j'accomplisse le ministère dont m'a chargé le
« Seigneur Jésus, de rendre témoignage à son Évangile[1]. »

Mgr Marchal poursuivit ainsi ses courses pastorales au prix d'efforts inouïs, renouvelés avec la constance la plus héroïque, non seulement chaque jour, mais, on peut le dire, à chaque instant. Enfin, le mercredi 25 mai, il fut obligé de reconnaître et d'avouer qu'il lui était impossible d'aller plus loin. Il avait atteint — ou, pour parler exactement, — il avait dépassé la limite extrême de ses forces. Il dut consentir à se laisser ramener à Bourges. Durant la route, malgré son épuisement, désireux de fêter un

---

[1] *Actes des Apôtres*, xx, 23-24.

anniversaire cher à sa piété, il essaya de dire son bréviaire, cette prière liturgique du prêtre qui, plus que toute autre, doit être appelée dans la langue de saint Paul « le glaive spirituel [1] ».

Il dut y renoncer; la vie baissait rapidement; les armes lui tombaient des mains.

A minuit et demi, aux premiers moments de la fête de l'Ascension, l'ouvrier entrait dans le repos de son éternité. *Ingrediemur in requiem, qui credidimus* [2]. L'intrépide soldat, tombé sur le champ de bataille de son apostolat, était mis en possession de la récompense promise à ceux qui auront combattu jusqu'au bout, *Ad bravium supernæ vocationis in Christo Jesu* [3].

Messieurs du Clergé de Bourges,

Vous vaquez cette semaine aux exercices de votre retraite. J'ai la confiance que cette imposante cérémonie ne vous distraira pas des sérieuses réflexions qui vous sont suggérées par l'Esprit de Dieu durant ces jours de solitude et de recueillement.

Après avoir montré la couronne placée à l'extrémité du stade pour les athlètes qui auront dignement travaillé et généreusement combattu, l'apôtre adresse aux chrétiens

---

[1] Et gladium spiritus, quod est verbum Dei. *Eph.*, vi. 17.
[2] *Hebr.*, iv. 3.
[3] *Phil.*, iii. 14.

de Philippes une exhortation que je vous demande la permission de redire pour vous et pour moi. « Nous, qui « (par notre sacerdoce) faisons profession de tendre à la « perfection du christianisme recueillons pieusement les « leçons et les exemples de ceux qui, sous nos yeux, se « sont montrés de si bons ouvriers et des soldats si cou- « rageux[1] ».

Imitons de notre mieux les hommes apostoliques dont on peut répéter le substantiel et véridique éloge fait de saint Paul lui-même par votre illustre compatriote Bourdaloue, « ils ont rempli leur ministère, ils ont honoré « leur ministère, ils se sont sacrifiés pour leur minis- « tère[2] ».

Et d'abord, comme votre digne Archevêque, soyons des hommes de travail ; d'un travail persévérant, opiniâtre, qui remplisse et féconde toutes les heures de notre vie.

Avant et par dessus tout, travaillons à nous sanctifier. Car nous aurions beau multiplier nos efforts et nous dépenser sans mesure dans les labeurs du ministère extérieur, si la pleine vie de la grâce ne mettait Dieu en nous et avec nous dans tout ce que nous entreprenons pour son service et pour sa gloire, nous ne ferions rien : *Nisi Dominus ædificaverit domum, in vanum laboraverunt qui ædificant eam*[3].

---

[1] Quicumque perfecti 'sumus hoc sentiamus, idem sapiamus : in eadem permaneamus regula., observate eos qui ita ambulant. (*Phil.*, III, 15-17.)
[2] Bourdaloue, division de son Panégyrique de saint Paul.
[3] *Ps.* CXXVI.

Votre Archevêque vous le disait il y a trois ans en vous convoquant aux retraites annuelles, et j'aime à vous faire entendre sa voix dont la mort augmente encore la puissance et l'autorité.

« Plus le présent est triste, vous disait-il, plus l'avenir
« est obscur et plein de menaces, plus nous devons redou-
« bler d'efforts pour nous sanctifier tous les jours davan-
« tage, et faire de nos âmes des foyers de plus en plus
« ardents et lumineux de charité et de vérité et devenir
« ainsi les sauveurs de ce monde penchant vers sa
« ruine[1] ».

En outre, Messieurs, travaillons à conserver et à étendre la foi, au sein de cette grande nation française que nous avons l'honneur d'avoir pour mère et dont les sectes antichrétiennes veulent faire leur proie ; et afin que nos labeurs aient plus d'efficace, rangeons-les sous la discipline salutaire de l'obéissance ; plus que jamais, mettons dans nos efforts la cohésion et l'unité.

Quand un général veut faire enlever par ses troupes une redoute formidable, ou quand il s'agit pour des travailleurs de renverser un obstacle dont la résistance dépasse notablement leurs forces, il faut avant tout que soldats et ouvriers soient attentifs au commandement donné par le chef. Ils le regardent, ils l'écoutent, ils se tiennent

[1] Lettre circulaire du 15 juillet 1889.

prêts à obéir. Puis, dès qu'ils ont vu ou entendu le signal, avec une précision mathématique ils exécutent le mouvement prescrit. C'est une masse qui agit et on croirait voir un seul homme ne donner qu'un seul coup d'épaule. En un clin d'œil, la muraille est franchie, l'obstacle est renversé [1].

« Un seul coup d'épaule », — Messieurs, la comparaison n'est pas de moi. Je l'emprunte au prophète Sophonie : *Ut serviant ei humero uno* [2].

Par une image saisissante, elle rend ce que le Pape Léon XIII demande en ce moment aux évêques, aux prêtres, aux catholiques et à tous les français de bon sens et de bonne volonté.

L'unité et la cohésion de nos efforts, en dehors des querelles politiques qui dispersent et neutralisent les forces, pour empêcher la France d'être dépouillée de l'inestimable trésor de ses croyances, et aussi, pour débarrasser nos institutions de l'alliage parasite de lois contraires aux droits de la conscience chrétienne, et en flagrante contradiction avec l'esprit d'un gouvernement dont le nom, s'il n'est pas une étiquette menteuse, signifie qu'il doit être « la chose de tous, *Res publica* », et non l'apanage exclusif d'un parti qui l'exploite au gré de ses rancunes et de ses convoitises :

Voilà, Messieurs, ce qu'attend de nous le Pontife qui a

---

[1] In Deo meo transgrediar murum. (*Ps.* XVII, 30.)
[2] *Soph.*, III, 9.

reçu de Jésus-Christ lui-même la mission de diriger notre travail et de présider à nos combats.

Lorsque Samson captif donnait ce vigoureux coup d'épaule qui faisait crouler l'édifice où il avait été amené prisonnier, il goûtait sans doute la joie terrible de se venger de ses ennemis et de faire périr un grand nombre de Philistins. Mais il s'écrasait lui-même avec eux sous les décombres des colonnes que son bras puissant avait secouées jusque dans leurs fondements[1].

Ce n'est pas ce que nous prescrit Léon XIII, dans ses paternelles et toutes pastorales sollicitudes pour notre bien-aimée patrie.

Il nous demande, non pas de détruire, mais d'édifier ; non pas d'écraser les philistins qui nous oppriment et nous insultent ; mais de les délivrer de leur ignorance, de leurs haines, de leurs étroits préjugés, de leurs passions malfaisantes ; puis encore de sauvegarder sans eux, ou contre eux, s'il le faut, cette démocratie qui ne peut fonder la liberté que sur le respect de la justice.

Travaillons à cette grande œuvre suivant la méthode même que nous trace le Vicaire de Jésus-Christ, c'est-à-dire, en nous plaçant résolument sur le terrain qu'il assigne à nos efforts et où il nous prescrit de nous unir : *Ut serviant uno humero.*

S'il devient nécessaire de repousser des agressions

Juges, ch. XVI.

injustes, comme celles qui cherchaient à empêcher Nehemias et ses compagnons de relever les ruines de Jérusalem, sachons, comme ces vaillants hommes, être à la fois ouvriers et soldats [1].

Combattons, d'abord avec le glaive sacré de la prière ; mais aussi, avec les armes légales que nous tenons de nos institutions elles-mêmes. Imitons saint Paul qui revendiquait fièrement ses prérogatives de citoyen romain devant les abus de pouvoir d'un fonctionnaire plus soucieux de plaire à César et aux Juifs que de se faire, comme c'était son devoir, le protecteur du droit opprimé [2].

A l'exemple de votre courageux Archevêque, prenons pour devise de nos labeurs et de nos combats sa simple et forte parole *jusqu'au bout !* Peu importe ce qui nous arrivera, pourvu que nous fassions notre devoir, tout notre devoir! *Nec facio animam meam pretiosiorem quam me, dummodo consummem cursum meum et ministerium verbi* [3].

Mais cette parole, *jusqu'au bout*, ce n'est pas seulement, Messieurs, un cri de ralliement pour la bataille. C'est davantage encore un cri du cœur, une parole toute brûlante de charité; et la charité doit être l'unique mobile de notre apostolat. Le Sauveur Jésus l'a dite, au moins dans l'intimité de ses pensées et de ses résolutions, peu de

---

[1] IIe *Livre d'Esdras*, ch. IV et VI.
[2] *Actes des Apôtres*, XXII, 25.
[3] *Ib.*, XX, 24.

jours avant de consommer sa douloureuse passion et de donner aux hommes, par l'institution de la sainte Eucharistie, le gage perpétuellement vivant d'un amour infini. *Quum dilexisset suos qui erant in mundo, in finem dilexit eos!*[1]

Qu'il sera bon, Messieurs, quand nous aurons, nous aussi, bien travaillé et répandu toutes nos sueurs : bien combattu, et, s'il le faut, versé dans une dernière blessure notre dernière goutte de sang, qu'il sera bon de pouvoir appuyer doucement notre tête, pour y rendre le dernier soupir, sur le cœur de Celui que nous aurons aimé et servi en aimant nos frères et en nous dévouant pour eux, JUSQU'AU BOUT !

[1] JOANN., XIII, 1.

APPENDICE

NOTES BIOGRAPHIQUES

(Extrait de la *Semaine Religieuse* de Bourges des 11, 18 et 25 juin 1892.)

NOTRE ARCHEVÊQUE

En racontant les funérailles de notre Archevêque vénéré, nous avons dit que l'humble prélat avait demandé qu'on ne déposât point de fleurs sur sa tombe.

La *Semaine Religieuse*, malgré la liberté que daignait lui laisser Monseigneur, respectera, elle aussi, cette délicatesse chrétienne. Et pourtant, sur ce cercueil à peine fermé, nos lecteurs attendent de nous que nous déposions une couronne. Seulement ce n'est pas nous qui la tresserons, ce sont les actes, les œuvres de l'homme de Dieu, sa vie et sa mort, qui, retracés à grands traits dans nos annales diocésaines, lui feront sa vraie couronne, la seule qui reste, celle que le temps ne fane point et que la fragilité des affections humaines ne détruit point.

Nous avons dû recourir pour ce travail, au moins en ce qui concerne la vie de Monseigneur avant son arrivée en Berry, à divers documents et notices biographiques qu'on sera heureux de retrouver ici.

I. — AVANT L'ÉPISCOPAT

Monseigneur Marchal est né le 22 avril 1822, à Raon-l'Étape, petite ville du département des Vosges, assise au pied des montagnes, sur la rive droite de la Meurthe. La famille qui le reçut de Dieu en ce monde, avait conservé comme le plus précieux héritage de ses ancêtres, les traditions de la vie chrétienne. Elle se souvenait qu'aux mauvais jours de la Révolution, ils avaient caché les prêtres et donné asile au Dieu proscrit dont la France légale reniait le nom et profanait les autels. Elle avait eu sa part dans les annales trop peu connues de la persécution en province.

Le grand-oncle paternel de l'enfant que Dieu prédestinait à la dignité épiscopale, dom Marchal, bénédictin de l'abbaye de Saint-Mihiel, avait dû, pour refus de prêter le serment schismatique, chercher sa sécurité dans la fuite. Poursuivi, traqué, saisi enfin, on le conduisait prisonnier au chef-lieu du tribunal révolutionnaire, quand son frère, à la tête de quelques paysans, vint, avec une vaillante résolution, l'enlever à ses gardes, qu'il dispersa, et lui permit de gagner le Rhin. Il passa de longues années en Suisse et en Allemagne, dans la misère de l'exil et de la pauvreté, jusqu'au jour où il fut permis de rouvrir les temples et de relever les autels. En 1822, il était curé de Saint-Jean du Marché ; l'administration diocésaine avait rapproché de lui le fils de son libérateur, devenu prêtre et curé de la paroisse voisine, dont le nom sera toujours cher au nouveau prélat.

Mgr Marchal ne vécut à Raon-l'Étape que les années de sa toute première enfance. Le malheur allait, pour ainsi dire, le prendre par la main, afin de le conduire dans sa voie. La mort de son père le laissa, à sept ans, l'aîné de quatre orphelins. Mais la Providence de Dieu leur avait réservé ici-bas la sollicitude et la tendresse d'un autre père dans le cœur de leur oncle, M. Marchal, curé de Tendon[1]. Il recueillit les quatre enfants et commença, sans compter, la tâche de les élever pour Dieu. C'est du ciel qu'il en contemple, à l'heure présente, le succès.

Nous croirions commettre une indiscrétion en soulevant, ne serait-ce qu'un peu, le voile qui recouvre les souvenirs intimes de cette éducation dont le bienfait rattache au presbytère d'un humble village la vie du prélat. Lui seul et son frère ont pu dire ce qu'ils ont rencontré là d'affection, de dévouement, de bonheur ; combien sont intelligentes et efficaces les inspirations de la bonté ; ce que produisent en de jeunes âmes les leçons et les exemples d'une vie sacerdotale donnée tout entière aux œuvres de Dieu.

Les études de l'enfant réalisèrent tout ce que s'était promis son oncle, qui avait éprouvé sûrement sa vive et prompte intelligence. A la fin de son année de rhétorique, il lui rapporta de brillantes couronnes, et, ce qui valait mieux, le bon témoignage des directeurs du petit séminaire, qui, pendant quatre années, avaient constaté et suivi les progrès de leur jeune élève dans les lettres. Tout le disposait comme naturellement et sans effort à la vocation ecclésiastique.

A dix-sept ans, il entrait au grand séminaire, où il ne cessa d'être disciple que pour devenir maître à son tour. Il

---

[1] Mgr Marchal a toujours conservé un souvenir affectueux de ce pays de Tendon qui fut pour lui une seconde patrie et le berceau de sa vocation ecclésiastique. Il aimait à y revenir. Au reste, n'est-ce pas dans le cimetière de cette paroisse que reposent, à côté d'autres parents, l'oncle, la mère et les sœurs du vénérable Archevêque ?

(*Semaine Religieuse de Saint-Dié.*)

venait d'être ordonné diacre, quand la chaire de philosophie lui fut confiée. C'était la récompense due autant à la maturité de son caractère qu'à la distinction de ses talents. L'enseignement philosophique le prépara à l'enseignement de la théologie dogmatique, auquel il fut appelé en 1845, l'année même de son sacerdoce, et qu'il ne quitta qu'en 1851.

Esprit élevé et pénétrant, intelligence droite, parole facile, ne manquant jamais à une pensée sûre d'elle-même parce qu'elle s'était arrêtée et mûrie dans un travail infatigable et des études continuelles : le jeune prêtre réunissait toutes les conditions qui révèlent le maître aux disciples. La génération sacerdotale qui passa au pied de sa chaire n'a pas perdu le souvenir de son exposition magistrale de la vérité révélée. Son enseignement ne fut pas sans influence ni sans succès. Le professeur de 1845 décida définitivement le retour, déjà commencé avant lui, des traditions théologiques du séminaire diocésain aux doctrines romaines sur l'Église, sur l'autorité et l'infaillibilité pontificale, que le concile du Vatican a proclamées la seule vraie doctrine catholique.

Mais la santé du professeur ne soutint pas longtemps le poids du travail qu'il s'imposait, afin que rien ne manquât à l'autorité de son enseignement. Il lui fallut renoncer à ses études et se séparer de cette jeunesse sacerdotale près de laquelle il avait trouvé la reconnaissance et l'affection, si douces au cœur d'un maître. Mgr Caverot, alors évêque de Saint-Dié, lui donna la cure de Damas-devant-Dompaire.

La simplicité des bons habitants de ce petit village, leurs mœurs douces et paisibles, leur sens droit et naturellement chrétien, préparaient au jeune curé un ministère relativement facile. Aussi les quatre années qu'il passa au milieu d'eux, quoique très remplies, furent pour lui les années du repos dont il avait besoin, afin de reprendre les forces nécessaires à d'autres labeurs. Cette paroisse, déjà bien cultivée par d'autres mains, devint, sous la nouvelle et intelligente administration, une paroisse modèle. Les fidèles aimaient leur pasteur pour son dévouement, qu'ils trouvèrent à la hauteur de tous les sacrifices, quand le choléra sévit sur eux, en 1854, avec la plus cruelle intensité. Ils ne l'ont pas oublié après vingt ans, et plusieurs d'entre eux l'ont prouvé en assistant à l'ordination épiscopale de celui dont ils répétaient à tous dans leur langage simple et expressif : *Il a été notre curé*. Ils avaient vu, dans leur affection, qu'ils ne le garderaient pas longtemps et que d'autres destinées l'attendaient. Leur pressentiment ne se vit que trop tôt justifié pour eux. En 1835, Mgr Caverot imposa au curé de Damas sa nomination à la cure du chef-lieu du département des Vosges.

L'Évêque de Saint-Dié présenta lui-même à la nouvelle paroisse le pasteur qu'il lui avait choisi. Elle sut l'apprécier dès le premier moment, car il inaugura son ministère avec une autorité incontestable et à laquelle personne ne refusa de rendre un véritable hommage. Il fut aussi complet que significatif de la part de cette population vive, intelligente, prompte à l'enthousiasme, sincère et ardente dans ses sympathies, aimant son église et ses prêtres. On peut dire qu'elle se donna entièrement à son curé, et qu'elle se soumit à sa direction avec la plus grande confiance, comme elle y a répondu avec la plus parfaite docilité. Pouvait-il en être autrement, quand elle voyait sous cette initiative à laquelle n'échappait aucun détail, les œuvres multiples et si variées du ministère pastoral commencer ou se développer avec toutes les espérances du succès?

Mgr Marchal les a laissées nombreuses et prospères.

Discipline paroissiale, organisation des catéchismes de première communion, système complet des catéchismes de persévérance pour les jeunes gens et les jeunes filles, fondation d'une maison de sœurs gardiennes des malades attachée au bureau de bienfaisance, institution d'un monastère de la congrégation de Notre-Dame, associations de piété et de charité agrandies ou renouvelées par des nouveaux règlements, restauration et embellissement de l'église : toutes ces choses témoignent que le curé d'Épinal savait voir ce qui était à faire, et comment il fallait l'exécuter.

Sa parole, d'une élégance vive dans une noble simplicité, s'imposait à l'attention par l'autorité dont elle était empreinte. On se souvient à Épinal des retraites ou des stations quadragésimales que le curé donna lui-même à son peuple. Sa bonté tempérait le respect qu'il inspirait à première vue : il se créa des sympathies et des affections qui lui sont demeurées fidèles. L'homme du monde se surprit plus d'une fois à avouer qu'il est possible de rencontrer dans le prêtre toutes les distinctions. Les esprits sérieux arrivaient à lui volontiers, pour s'éclairer et se faire ramener au sens droit de la doctrine catholique. Ils comprenaient qu'il jugeait de haut et qu'il voyait de loin ; ils avaient la preuve que, sans rien de sommaire ni de tranchant, il prononçait en connaissance de cause, selon la formule précise de la vérité, sur les questions à l'ordre du jour. C'est l'explication humaine des succès acquis à son ministère, qu'il poursuivait ainsi jusque dans ses relations officielles avec le monde.

On comprend quels furent la peine et le regret de toute la paroisse, quand Mgr Caverot l'appela près de lui comme vicaire général, en 1864. Le clergé reconnut bien vite dans l'administrateur du diocèse les qualités éminentes qui avaient distingué le curé d'Épinal. Il se plut à recevoir de lui la lumière d'un bon conseil et l'autorité d'un avis sage : il aima à confier ses intérêts à la sollicitude de ce dévouement qu'il avait éprouvé depuis longtemps. L'année du concile, pendant laquelle Mgr Marchal resta seul, en l'absence de l'Évêque, chargé de l'administration, grandit encore son influence dans le diocèse. Les chefs civils du département ou du ministère avec lesquels ses fonctions le mettaient en rapport, constatèrent, en maintes occasions, le tact et l'expérience consommée qu'il apportait aux affaires. Il n'y a pas lieu de s'étonner si, dans ces régions, le grand-vicaire de Saint-Dié obtint une considération méritée à tous égards. D'ailleurs, au sein même de la cité épiscopale, s'intéressant et prenant part à toutes les œuvres, comme à tous les événements, mêlé au ministère actif de son digne frère, curé de la seconde paroisse de Saint-Dié, puis chanoine de la cathédrale, il rencontra près de tous cette sympathie respectueuse que le monde estime, avec raison, le plus significatif hommage rendu à la dignité du caractère rehaussée par la distinction de l'esprit, jointe à la bonté du cœur. Aussi, quand le choix du gouvernement, répondant au témoignage bien connu de Mgr Caverot [1], le proposa, le 8 juin 1875, comme le successeur de Mgr Richard à l'évêché de Belley, il n'y eut qu'une voix dans le clergé et parmi les fidèles pour applaudir à sa nomination [2].

---

[1] Rien ne saurait mieux faire comprendre l'estime en laquelle Mgr l'Évêque de Saint-Dié tenait Mgr Marchal que cette parole du Prélat à Mgr Meglia, nonce apostolique à Paris, qui lui parlait de l'élection de son vicaire général à l'épiscopat : Vous me demandez le sacrifice de mon bras droit, je consens à l'amputation pour le bien de l'Eglise.

[2] La Semaine Religieuse de Saint-Dié fait remarquer que des huit évêques que Saint-Dié s'honore d'avoir donnés à l'Eglise, Mgr Joseph Marchal est le seul qui soit arrivé à l'épiscopat sans être sorti de son diocèse.

Le Saint-Père lui-même l'accueillit avec la plus haute faveur, et daigna parler en termes élogieux du nouvel élu. Sa Sainteté le connaissait personnellement. Mgr Marchal passa, en 1869, quatre mois à Rome, pour consulter les archives de la Propagande et réunir tous les documents nécessaires à la vie de M. Moye, missionnaire au Sutchen et fondateur des sœurs de la Providence, dont la maison-mère est à Portieux, au diocèse de Saint-Dié. Il eut deux audiences privées du Saint-Père, qui voulut bien bénir l'auteur et l'ouvrage qu'il préparait. Ce livre, publié en 1871, avec la plus flatteuse approbation de la Propagande, est une étude complète sur l'organisation intérieure des missions en Chine, plus encore qu'il n'est le récit intéressant d'une sainte vie dont les œuvres recommandent la mémoire.

Mgr Marchal fut sacré par Mgr Caverot, dans la cathédrale de Saint-Dié, le 8 septembre 1875, en présence de Mgr Richard, coadjuteur de Paris. Il était assisté par Mgr Gros, ancien évêque de Tarentaise, et par Mgr Mermillod, dont l'éloquence a couronné toutes les splendeurs de cette fête, que l'église de Saint-Dié voyait pour la première fois, et à laquelle étaient venus prendre part un nombreux clergé et une foule immense de fidèles. Ce jour-là même, une dépêche télégraphique lui apporta la bénédiction du Souverain-Pontife. Le 18 septembre, il faisait son entrée solennelle à Belley.

L'ÉVÊQUE DE BELLEY

L'épiscopat de Mgr Marchal à Belley dura un peu plus de quatre ans, mais il fut rempli par de nombreux travaux et des œuvres multiples qui suffiraient à illustrer une longue vie.

Ce qui caractérise l'Évêque de Belley c'est une activité infatigable. Quelques mois seulement après son arrivée, il connaissait son diocèse, ses ressources et ses besoins. Mais l'Œuvre qui l'attire avant toutes les autres, et à laquelle il consacre le meilleur de son zèle, c'est cette Œuvre de l'éducation chrétienne de la jeunesse, qu'il avait si merveilleusement organisée à Épinal, et à laquelle il avait trouvé le moyen de se consacrer encore pendant son vicariat général, en s'occupant de Patronages dans la paroisse de son frère, à Saint-Dié.

Il réussit à intéresser à cette affaire capitale prêtres et fidèles, et, en quittant le diocèse de Belley, il laissait à la ville de Bourg, comme un précieux monument de son amour pour l'enfance, une *Œuvre des écoles* parfaitement organisée.

D'ailleurs, le diocèse de Belley, dans la personne de son Évêque, vient de lui rendre un hommage qui nous dispense de nous étendre davantage à ce sujet. Qu'on lise la belle lettre circulaire que Mgr Luçon publiait au lendemain de la mort de notre Archevêque pour prescrire des prières à son intention. Elle dit mieux que nous ne saurions le faire et avec plus d'autorité combien son séjour à Belley a été plein d'œuvres et de fruits de salut.

Nos Très Chers Frères,

Une douloureuse nouvelle est venue nous surprendre au milieu de nos courses pastorales, le jour de l'Ascension. Monseigneur Jean-Joseph Marchal, archevêque de Bourges, avait rendu son âme à Dieu dans la nuit précédente, succombant, nous dit-on, à une congestion pulmonaire, suite des fatigues excessives que le vénérable Prélat s'était imposées par amour de son devoir, malgré l'épuisement de ses forces et les ravages de la cruelle maladie qui, depuis de longues années, ébranlait sa constitution par de fréquents assauts.

Nous nous associerons, N. T. C. F., au deuil de l'Église de Bourges, car nous ne saurions oublier qu'avant de monter sur le siège de saint Ursin, Mgr Marchal avait occupé pendant cinq ans celui de saint Anthelme.

Nous n'avons point eu l'honneur de le connaître personnellement, car chaque fois que de part ou d'autre des projets de rencontre ont été formés, des circonstances indépendantes de nos volontés nous ont privés de la consolation de nous voir, et de parler ensemble d'un diocèse que nous aimions tous deux.

Il n'est point cependant un inconnu pour nous. Ses œuvres et les récits que nous avons entendus parmi vous, N. T. C. F., nous ont appris que ce qui le distinguait, c'était principalement une intelligence prompte et élevée, un caractère grave, une entente remarquable des affaires, une rare aptitude pour le gouvernement et l'administration, l'amour de l'ordre, un profond esprit de foi, un dévouement sans borne à l'Église, une filiale soumission à l'égard du Saint-Siège.

Ses écrits sont marqués au coin d'une exacte théologie, d'une grande connaissance des Saintes Écritures, d'un zèle vraiment apostolique, et surtout d'un sens pratique éminent. Sous des apparences au premier abord un peu réservées, on ne tardait pas à reconnaître un cœur excellent. Un jugement aussi sûr que pénétrant lui faisait apprécier rapidement et sainement les personnes et les choses, et le trompait rarement. Quant au Prélat, plus on le pratiquait plus on l'appréciait sous le rapport de l'esprit et du cœur.

Tout homme qui veut orienter sa conduite et ne point agir au hasard, doit se proposer une fin, vers laquelle il fera converger tous ses actes. Mgr Marchal, en arrivant dans son diocèse, se proposa, comme but de tous ses efforts, le Règne de Jésus-Christ : voilà en un mot l'idée dominante et tout le programme de son épiscopat.

« Nous venons vers vous, N. T. C. F., vous écrivait-il dans son Mandement de prise de possession, nous venons vers vous le nom de Jésus-Christ sur les lèvres, son amour dans le cœur, ne connaissant que Jésus-Christ, et Jésus-Christ crucifié pour le salut du monde. Nous vous parlerons de lui pour vous le faire connaître ; nous vous rappellerons ses bienfaits pour vous le faire aimer. »

C'est pour procurer l'accroissement de ce règne de Jésus-Christ qu'il accorda à l'enseignement, aux missions paroissiales, à la recherche et à la culture des vocations ecclésiastiques, une si large part dans ses préoccupations et ses efforts.

Persuadé avec raison que l'éducation de l'enfance et de la jeunesse prépare l'avenir d'un pays, il ne laisse passer, dans ses écrits pastoraux, aucune occasion de recommander aux parents le soin de leurs enfants et le choix des maîtres auxquels ils doivent les confier. Écoles primaires pour les enfants du peuple ; séminaires pour les élèves du sanctuaire ; facultés catholiques pour les jeunes gens qui veulent se préparer aux carrières libérales par les études supérieures ; toutes ces institutions ont été à la fois l'objet de ses plus constantes sollicitudes. Mais ce fut principalement au moment de la fondation de l'Université catholique de Lyon qu'il donna la preuve d'un zèle aussi actif qu'intelligent des besoins de notre époque. Par plusieurs lettres pastorales, il sollicita la générosité de ses diocésains en faveur de cette institution si importante ; il m'est doux de vous rappeler, N. T. C. F., avec quelle reconnaissance et quelle fierté il aimait à vous remercier « d'un concours qui, disait-il, rendait témoignage autant à votre intelligence qu'à votre générosité [1] ».

Si ses premières sollicitudes étaient pour la formation de la jeunesse dans les écoles, il n'avait garde d'oublier la conservation de la foi, des mœurs chrétiennes et de la pratique religieuse dans les paroisses. Aussi avait-il pris à cœur l'œuvre des missions paroissiales, tant recommandées par Mgr Devie, et si admirablement favorisées par les fondations du V. curé d'Ars. Il écrivait en 1878 à son clergé pour rappeler l'importance de cette œuvre, en réglementer le fonctionnement, en étendre les bienfaits à un plus grand nombre de paroisses.

Mais la vie des paroisses et l'âme de toutes les œuvres catholiques, c'est le ministère du prêtre. Inquiet déjà de la diminution des vocations ecclésiastiques, dont les conséquences ne faisaient encore que commencer à paraître en notre diocèse où elles se font si péniblement sentir aujourd'hui, il appela votre attention, N. T. C. F., sur ce point, et y consacra l'une de ses dernières instructions quadragésimales. Il montre aux fidèles quel honneur Dieu leur fait en choisissant un prêtre dans leur famille, et quelle faute ils commettraient en s'opposant à l'appel que le Seigneur adresserait à leurs enfants.

Le Pasteur vigilant était attentif à tous les intérêts de son diocèse ; il s'efforçait de remédier au mal dès sa première apparition, et même encore de le prévenir autant qu'il dépend de la volonté des hommes.

Mais entre toutes les qualités qui brillaient en Mgr Marchal, celle qui paraît avoir été la plus caractéristique,

---

[1] Mandement d'adieu.

c'est ce sens pratique, cet esprit d'ordre, cette intelligence des affaires, qui en avaient fait un administrateur consommé. Il nous en a laissé un monument, qui lui survivra, dans ces ordonnances synodales où il a consigné des règlements si sages sur les retraites pastorales, les études ecclésiastiques, les catéchismes, l'œuvre des vocations. La Providence, en effet, l'avait doué d'aptitudes exceptionnelles pour la conduite des affaires et des hommes. Et, comme il avait passé successivement par les fonctions de professeur, de curé, de vicaire général, il avait acquis une connaissance expérimentale de l'enseignement du ministère pastoral, de l'administration d'un diocèse, en un mot, de tous les emplois auxquels un prêtre peut être appelé ; ce qui lui permettait de s'occuper avec compétence des questions qui concernent les établissements d'éducation ou l'administration diocésaine, aussi bien que de celles qui regardent le gouvernement des paroisses.

En arrivant dans le diocèse, il y avait apporté son cœur, parce qu'il le regardait comme la portion que Dieu lui avait choisie, et qu'il en appréciait toutes les gloires et tous les avantages. Par un sentiment délicat de piété, il avait voulu recevoir l'Onction Sainte le jour de la Nativité de la sainte Vierge, afin de faire hommage de son épiscopat à la Reine des Apôtres et de le mettre sous la protection de saint Anthelme, qui avait été sacré ce même jour par Alexandre III dans l'Église métropolitaine de Bourges.

On vit bien à quel point le culte de notre Saint lui était cher, lorsqu'en 1878 il fit célébrer le sixième centenaire de la mort bienheureuse du Patron si justement aimé et vénéré de la ville et du diocèse de Belley, et consacrer notre Église Cathédrale. Tous ceux qui en ont été témoins n'oublieront jamais la splendeur de cette double solennité.

Toutefois, les gloires du passé ne serviraient qu'à faire ressortir les tristesses du présent, si les fils n'étaient restés fidèles aux exemples de leurs pères. Ce qui vous attachait surtout le cœur de votre Évêque, N. T. C. F., c'était « la sincérité et la fermeté de votre foi, la fidélité du plus grand nombre aux traditions religieuses de vos ancêtres, et par suite, aux pratiques essentielles de la vie chrétienne, votre respect pour vos pasteurs, votre générosité pour les œuvres nécessaires ou utiles pour l'honneur de la religion ou du culte divin, pour le soulagement des pauvres, pour l'éducation et l'instruction de l'enfance et de la jeunesse ». Voilà ce qu'il appréciait en vous, voilà ce qu'il vous recommandait de conserver fidèlement dans sa Lettre d'adieu, voilà ce que, du fond de son cercueil, ce père de vos âmes vous recommande encore avec l'autorité qu'ajoute à ses paroles le reflet de l'éternité, du sein de laquelle il vous exhorte même après sa mort.

Mais vous, Messieurs, qu'après lui nous appelons, à notre tour, nos chers coopérateurs, c'est à vous surtout qu'il se plaisait à faire entendre les accents de son affection paternelle. Comme il aimait à rendre hommage à vos vertus sacerdotales, à votre solide piété, à votre désintéressement, à votre générosité pour les œuvres diocésaines ou paroissiales, à votre goût pour les études sérieuses ! Combien il se montrait touché de votre respectueuse soumission, de l'accueil filial que vous lui faisiez dans ses visites ! Vous étiez, disait-il, « les guides et les modèles » des populations confiées à vos soins, « sa consolation et son espérance, la force et l'honneur de son diocèse [1] ».

Aussi quelle épreuve ce fut pour lui, lorsqu'il lui fallut quitter un diocèse qu'il aimait tant ! « En énumérant vos titres à notre affection, vous disait-il, nous ne faisons que

[1] Mandement d'adieu.

retourner le glaive dans la plaie de notre cœur. Que nous en emportions le souvenir avec nous, ce que nous éprouvons en ce moment nous le dit assez, et nous assure en même temps que ce souvenir sera ineffaçable. Oui, prêtres et fidèles, nous nous souviendrons, jusqu'à notre dernier jour, de votre foi, de votre droiture, de votre désintéressement, de votre bonne volonté. »

Il vous a tenu parole, N. T. C. F., et nous en avons en mainte occasion reçu nous-mêmes de sa part le sincère témoignage. Il ne manquait jamais de redire son attachement à son ancien diocèse. Ce fut en particulier une grande privation pour lui de ne pouvoir venir prendre part à nos fêtes en l'honneur du Bienheureux Chanel, il y a deux ans, et renouveler les joies du centenaire de saint Anthelme. Il s'en consolait le mieux possible, nous disait-il, en nous envoyant un autre lui-même dans la personne de son frère bien-aimé, Mgr l'Évêque de Sinope. Hélas ! aujourd'hui ce frère est atteint dans ses plus chères affections. En priant pour celui que Dieu vient de rappeler à lui, nous n'oublierons pas, N. T. C. F., de le faire aussi pour le vénéré Prélat qui survit à une séparation d'autant plus cruelle que leur affection était plus sainte et plus intime.

C'est qu'en effet l'Évêque qui fut pendant cinq ans le pasteur de vos âmes vient de quitter la terre. Il était parti le 5 mai pour la visite pastorale de son diocèse. Au médecin qui essayait de le retenir, en lui représentant que ses forces ne lui permettraient pas de supporter de telles fatigues, il répondit : J'irai jusqu'au bout. — Mais vous y êtes au bout ! — Eh bien, répliqua le bon pasteur, pour Dieu j'irai quand même. La veille de l'Ascension, force fut au vénérable malade de rentrer à Bourges. Il mourut dans la nuit. Il avait bien donné à son peuple jusqu'à son dernier jour.

C'est le moment, N. T. C. F., de rappeler dans vos cœurs ce qu'il a fait pour vous. Durant cinq années il a consacré à notre diocèse les lumières de sa belle intelligence, les trésors de sa science, les conseils de son expérience, son temps, ses forces, sa vie. Il a fait passer dans vos âmes une partie de la sienne, comme le cultivateur met une portion de lui-même dans le champ qu'il arrose de ses sueurs. La justice, aussi bien que la piété filiale, vous fait un devoir de prier pour cette âme qui a porté la charge des vôtres.

Prêtres, qui avez reçu de ses mains l'onction sacrée ; fidèles, à qui il a conféré le sacrement qui fait les chrétiens parfaits ; vierges, qu'il a fiancées et consacrées à l'Époux divin ; peuples, qu'il a évangélisés et par ses écrits et par ses discours, la reconnaissance vous oblige envers lui. A vous tous j'entends l'Apôtre adresser cette touchante recommandation : *Souvenez-vous de vos supérieurs, qui vous ont prêché la parole de Dieu, et en considérant la fin de leur vie, imitez leur foi*[1].

Oui, nous prierons pour vous, ô vénérable Pontife, afin que s'il vous restait encore quelque dette à payer à la justice divine, *au sortir de ce laborieux combat de la vie*[2], votre âme en soit promptement libérée, et s'en aille sans délai recevoir du Prince des Pasteurs la couronne impérissable promise à ceux qui ont su, comme vous, paître et régir *en toute vérité et charité* la sainte Église du Christ. Et vous, une fois en possession de la paix éternelle, n'oubliez pas la famille dont vous avez été le père, les peuples que vous avez évangélisés, et soyez-nous un intercesseur auprès de Dieu.

Donné à Belley, le 30 mai 1892.

† LOUIS-JOSEPH, *Évêque de Belley*.

[1] *Hebr.*, xiii, 7.
[2] Oraison *pro Defuncto Episcopo*.

A la suite de cette lettre pastorale, Monseigneur de Belley ordonna un service solennel à la Cathédrale, au grand séminaire et dans les maisons d'éducation, et l'oraison *pro Episcopo defuncto* à la messe pendant huit jours, en même temps qu'il recommandait à tous les prêtres de dire une messe pour leur ancien Évêque, et aux fidèles de faire la sainte communion à son intention.

III. — L'ARCHEVÊQUE DE BOURGES

Un décret du 30 janvier 1880 avait nommé l'Évêque de Belley à l'Archevêché de Bourges, vacant par la mort de Mgr de La Tour d'Auvergne. L'élévation de Mgr Marchal à l'archiépiscopat était due à l'initiative et à la volonté souveraine du Pape, et le dernier mot de la correspondance échangée à ce sujet entre l'Évêque et le Saint-Père est un ordre formel d'accepter ce surcroît de dignité et ce nouveau fardeau pour le bien de l'Église.

Cette soumission n'alla pas sans un sentiment de profonde douleur. Mgr Marchal l'exprima d'une façon touchante dans la lettre qu'il écrivit aux vicaires généraux capitulaires de Bourges pour leur annoncer sa nomination, et surtout dans le Mandement par lequel il faisait ses adieux au diocèse de Belley.

Douleur et appréhension, tels sont les sentiments du nouvel Archevêque à son arrivée en Berry, au commencement de 1880. Rien de plus légitime : Mgr Marchal laissait à Belley une abondante moisson semée par ses mains et que la Providence ne lui permettait pas de recueillir ; il laissait surtout des affections profondes dans un pays qu'il avait espéré ne jamais quitter et auquel, suivant une sage maxime du Cardinal Caverot, son père, il disait adieu pour toujours.

De son côté, le Chapitre lui donnait un dernier témoignage d'affection en demandant au Saint-Père de laisser à Mgr Marchal l'administration du diocèse jusqu'à ce que l'Évêque successeur eût pris possession de son siège.

Les appréhensions de l'avenir, malgré la délicate protestation des Vicaires Capitulaires de Bourges, n'étaient pas moins justifiées que les tristesses de l'adieu. Pendant 18 ans, Mgr de La Tour d'Auvergne avait rempli le Berry de son grand nom, de ses courses apostoliques, de ses Œuvres multiples. Archevêque de Bourges à 35 ans, toutes les gloires s'étaient d'abord offertes d'elles-mêmes à cette âme assez grande et assez humble pour les porter toutes avec honneur. Puis de terribles épreuves étaient venues assombrir sa vie : les révolutions politiques, les deuils de famille, l'incendie de l'archevêché, la maladie, toutes les douleurs publiques et toutes les douleurs privées avaient passé sur son front, et nous avions vu les épaules de ce grand seigneur porter aussi dignement la pourpre sanglante de la Croix qu'elles auraient porté la pourpre royale des Princes de l'Église.

Sous ce fardeau, pourtant, Mgr de La Tour d'Auvergne avait succombé, tandis que la situation de l'Église en France s'aggravait chaque jour davantage. La secte poursuivait sa marche lente, mais sûre, vers l'amoindrissement et l'asservissement de l'Église. C'était déjà l'interdiction des cérémonies extérieures du culte dans les grandes villes ; c'était le refus des libertés nécessaires aux catholiques, l'athéisme hautement affiché des pouvoirs publics, l'expulsion des congrégations, la laïcisation du personnel enseignant, en attendant la laïcisation de l'enseignement lui-même ; c'était chaque jour de plus en plus, le pain de l'Église qu'on lui diminuait, et tout le reste, que nous ne connaissons que trop.

Pour braver cette tempête, il fallait à l'Église de France des hommes aussi énergiques dans l'accomplissement de leur haute mission, que sages, dignes, mesurés, dans le support des épreuves et la résistance aux empiètements du pouvoir. Mgr Marchal était un de ces hommes. Le Nonce qui le présenta à l'agrément du Saint-Père l'appelait l'Évêque modèle, et c'est à cette époque que Mgr d'Hulst disait un jour à un ecclésiastique qui partait pour Bourges : « Vous allez voir un évêque ».

Dans nos temps si troublés, où, même pour un évêque, il est quelquefois plus difficile de connaître son devoir que de l'accomplir, Mgr Marchal avait eu la bonne fortune de faire son apprentissage de l'épiscopat à une excellente école. Il était le disciple du Cardinal Caverot, qui avait eu pour maître le Cardinal Mathieu. Ces éminents Prélats ne pensaient pas que, même au fort de la persécution, alors qu'un évêque doit être déterminé à laisser sa tête dans la mêlée, on pût jamais se départir d'une attitude pleine de respect envers le pouvoir civil. Sans doute, l'évêque n'est pas le fonctionnaire de l'État et ne tient pas de lui sa mission; mais dans les sociétés qui vivent encore sous la loi divine de l'union des deux pouvoirs, il y a entre ces pouvoirs une alliance à laquelle l'Église a toujours été fidèle. L'État n'a pas le droit de se désintéresser des intérêts religieux du peuple et c'est sur l'évêque qu'il se repose de ce soin. A l'évêque de défendre la religion, même contre l'État, et si Théodose se présente devant lui souillé du sang innocent, il saura, comme saint Ambroise, lui fermer les portes du temple; mais, comme saint Paul, il respectera et honorera César, alors même que César sera païen et criminel, et il ne portera pas la main sur le trône sacré où siège la majesté du glaive. Il n'épargnera ni les remontrances, ni les plaintes, ni les protestations; mais il ne se résoudra à donner à son blâme l'éclat de la publicité que lorsque la foi de son peuple et le soin de son honneur l'exigeront impérieusement.

Telle était, il nous semble, la doctrine de Mgr Marchal. Aucun Évêque n'a fait entendre plus fermement au pouvoir civil la parole de la vérité et l'indignation de la foi blessée, et même à l'occasion de certaines persécutions mesquines contre ses prêtres, nous savons des lettres de lui qui, si elles avaient été connues, l'auraient classé parmi les plus ardents champions de nos libertés catholiques. Mais il avait horreur du bruit, et le respect de l'Autorité est assez compromis aujourd'hui par l'Autorité elle-même, pour qu'un Évêque ne contribue pas à l'ébranler davantage. D'ailleurs, si le bien ne fait pas de bruit, le bruit n'a jamais fait beaucoup de bien. Il fallut de graves raisons pour le déterminer à publier quelques-unes des lettres adressées par lui aux pouvoirs publics. Quand elles parurent, on comprit les saintes hardiesses qui se cachaient sous ce silence respectueux. Le clergé et le peuple fidèle ne furent jamais inquiets : on savait que sous un tel Pasteur la cause de l'Église serait vaillamment défendue.

Voilà l'homme que la Providence nous envoyait pour succéder à Mgr de La Tour d'Auvergne. Il avait des armes et une devise qui étaient comme une prédication et qui le caractérisaient : les roses de la charité, de l'amour de Dieu et du zèle pour son peuple, et la croix : une croix dont on pouvait dire : *laboris, non honoris :* la croix du travail, pas celle des honneurs. *In charitate veritatem,* nous disait-il dans sa devise, et c'était bien cela, en effet. La charité d'abord, la bonté, la paternité, c'était bien le fond de son caractère, mais à condition que la vérité ne perdît jamais ses droits. Avec lui, pas de faux-fuyants, de dissimulation.

de déguisements. Il en avait horreur. On peut même dire que, de ces deux vertus, charité et vérité, c'était la vérité qui, chez lui, se montrait la première.

Volontiers on eût dit de lui ce qu'on devait écrire un jour de son maître, le Cardinal Caverot :

« Il y avait parfois dans ses paroles une certaine vivacité, et dans son accueil une franchise un peu brusque. Mais hormis quelques exceptions, d'ailleurs peu nombreuses, ses prêtres ne se laissaient pas déconcerter par ses saillies : ils savaient que le généreux prélat était le premier à les regretter; même ils n'avaient pas tardé à s'apercevoir que leur patience, en ces occasions, devenait presque sans mérite, puisqu'elle était toujours suivie du succès complet de leurs requêtes, tant l'Évêque était impatient d'effacer aussitôt l'impression pénible qu'un instant d'humeur trop vive avait pu leur causer[1]. »

Son abord grave et sévère ne laissait pas toujours deviner les trésors de tendresse qu'il cachait au fond du cœur. Plusieurs ne connurent cette bonté que plus tard, quand ils eurent vu l'Archevêque partageant leurs peines, ou venant à leur secours avec une générosité princière, ou bien encore quand ils l'eurent vu mêler ses larmes à celles qu'ils versaient eux-mêmes.

Le nouvel Archevêque de Bourges fit son entrée solennelle dans sa cathédrale le 27 avril 1880. Il avait voulu auparavant recevoir le pallium des mains de son père en Dieu, le Cardinal Caverot, dans un petit village du Beaujolais, où l'Archevêque de Lyon était alors en tournée de confirmation.

En prenant possession de son siège, Mgr Marchal rappelait un trait historique intéressant. C'était Bourges qui

[1] *Vie du Cardinal Caverot*, par l'abbé Déchelette, p. 240.

avait donné autrefois à Belley un grand évêque : saint Anthelme, sacré dans notre vieille basilique par le Pape Alexandre III. Aujourd'hui, c'était Belley qui rendait à l'Église de Bourges un successeur de saint Anthelme.

Quelques jours après, Mgr Marchal commençait sa tournée de confirmation, dont il rapportait d'heureuses impressions.

Mais en même temps que ces jouissances qu'il éprouvait à se mettre ainsi en rapport avec les prêtres et les fidèles de son diocèse, il avait à faire face à de graves difficultés. Les décrets du 29 mars, de si triste mémoire, venaient d'être promulgués et, de ce fait, un bon nombre de maisons religieuses du Berry se trouvaient menacées. Il écrivit à cette occasion au Président de la République une lettre très digne, dans laquelle il exprimait la douleur de tous les catholiques de son diocèse, en même temps qu'il démontrait l'inanité des motifs invoqués pour justifier les mesures annoncées. Lorsque les décrets furent exécutés, il prit de sages mesures pour conserver à notre province les pieux auxiliaires du ministère pastoral, et il témoigna aux pauvres expulsés une sympathie que ceux-ci n'ont pas oubliée.

La laïcisation de l'enseignement lui imposa bientôt de nouvelles préoccupations. Il fallait conserver au peuple les maîtres chrétiens qu'on commençait à chasser des écoles publiques. Et ce n'était pas seulement l'enseignement primaire qui le préoccupait : il caressait dès lors un rêve brillant : la fondation d'un collège d'enseignement secondaire.

Il était à peine arrivé parmi nous que de nombreuses familles de la société Berruyère le pressaient de créer à Bourges une maison d'éducation où elles pussent faire élever leurs enfants. La fermeture des collèges des Pères

Jésuites donnait à cette fondation un caractère indiscutable d'opportunité. Ces sollicitations répondaient trop bien aux désirs de Mgr Marchal pour qu'il hésitât à y répondre, et une fois sa décision prise, il ne recula devant aucun sacrifice pour assurer le succès de son œuvre. Les débuts furent très brillants et pleins d'espérance pour l'avenir. Malheureusement, l'Archevêque tout seul était impuissant à assurer le succès de Sainte-Marie. Après avoir lutté pendant dix ans contre l'inconstance des enthousiasmes humains, Mgr Marchal se résolut à un dernier sacrifice, le plus douloureux : il eut le courage de fermer l'École. D'ailleurs, ces années d'épreuves n'avaient pas été inutiles à l'œuvre. Les malheurs des temps pouvaient bien interrompre la construction de l'édifice et le détruire en apparence. La première pierre était là, pourtant ; on saurait la retrouver. D'autres recueilleraient la moisson que l'Archevêque avait semée. Il fut le premier à encourager la réouverture de l'institution, et le premier à applaudir aux succès des nouveaux maîtres.

L'Archevêque avait d'ailleurs trouvé chez ses diocésains un concours dévoué pour la cause de l'enseignement populaire chrétien, et grâce à ce dévouement il avait mis à la base de toute action sur ce terrain, deux grandes fondations : la *Société civile de l'Enseignement libre*, qui assurait aux catholiques la propriété des locaux scolaires, et l'*Œuvre des Écoles*, destinée à procurer aux maîtres chrétiens le pain de chaque jour. Il serait impossible de dire les services que ces institutions ont rendus depuis douze ans. Grâce à ces deux instruments d'une grande puissance, nous parvenions à conserver la plupart des écoles chrétiennes que nous possédions avant la laïcisation, et de nouvelles écoles étaient fondées.

A Bourges, comme à Belley, comme à Saint-Dié, cette

cause de l'éducation chrétienne était, pour notre Archevêque, la cause de prédilection. Il voulut même instituer une fête spéciale à cette Œuvre : la fête des écoles, célébrée chaque année dans le Cathédrale avec un éclat extraordinaire et toujours rehaussée par la présence d'un orateur éminent dont la parole attirait les foules. C'était à Bourges, on peut le dire, le grand événement de l'année.

Mais ce n'est pas tout de posséder des écoles : Monseigneur voulut faire passer au cœur de ses collaborateurs et de tous ses diocésains le zèle qui l'animait pour cette grande cause. A ses prêtres, il recommande avec insistance, sans jamais se lasser de revenir sur ce sujet, ajoutant sans cesse la direction de conseils expérimentés aux exhortations du zèle, l'Œuvre des catéchismes, surtout les catéchismes des petits enfants et les catéchismes de persévérance. C'est l'objet d'une de ses premières lettres pastorales. Sur ce point le zélé prélat n'admet pas les impossibilités. Circulaires à son clergé, conférences spéciales aux retraites ecclésiastiques, recommandations préssantes à l'occasion de la visite pastorale : rien n'est épargné. Au synode de 1881, il expose à ses prêtres son projet de l'Œuvre des écoles ; quelques mois plus tard, au commencement de 1882, il adresse à son clergé une importante circulaire sur les moyens à prendre pour assurer, sous le nouveau régime, l'instruction religieuse des enfants ; au mois d'octobre de la même année, nouvelle circulaire sur le même sujet. L'année suivante, à la suite de la visite générale de toutes les paroisses du diocèse, Monseigneur adressa à ses diocésains une belle lettre pastorale dans laquelle il résuma ses impressions. Rien ne lui échappe, mais il a hâte, on le sent, d'arriver à l'objet de sa plus constante préoccupation, de ses entretiens intimes avec les pasteurs, de ses exhortations les plus pressantes dans les églises : l'instruction religieuse, l'éducation chrétienne des enfants. « Vous l'avez vu, dit-il, c'est de vos enfants que nous nous sommes occupé ; nous avons voulu les voir, les interroger, nous assurer par nous-même et en notre présence de leur instruction et de leur régularité au catéchisme, de telle sorte que vous avez pu croire souvent que c'était pour eux seuls que nous faisions la visite pastorale. »

Enfin, il condense son enseignement, les leçons de sa sagesse et de son expérience, dans une série d'admirables lettres pastorales dont la première date de 1887, dont la dernière était publiée cette année, deux mois avant sa mort, comme si la Providence avait voulu lui laisser le temps de terminer ce magistral traité de l'éducation chrétienne. Nous espérons qu'un jour de pieuses mains réuniront en un volume ces six mandements. Ce livre aura sa place à côté des plus beaux ouvrages qui aient été écrits sur l'éducation. Ce sera un livre nouveau, aussi pieux et plus complet que le délicieux opuscule de Gerson, *De pueris ad Christum trahendis*, tout différent des grands traités que nous connaissons, lesquels s'adressent plutôt aux enfants des classes élevées, tandis que celui de l'Archevêque de Bourges vise spécialement les enfants du peuple. Quand parut le mandement de 1887 sur *l'éducation des petits enfants*, ce fut, de toutes parts, un concert de louanges. On ne savait ce qu'il fallait le plus admirer dans ces pages, de la sagesse de la doctrine ou de la grâce du langage. Il semblait que, pour parler des petits enfants, le Prélat avait retrouvé la jeunesse et la poésie de ses vingt ans. On dut tirer ce mandement à part et il s'en écoula des milliers d'exemplaires. L'année suivante il traita *de la préparation à la première Communion* ; puis ce fut *l'éducation et l'instruction des enfants après la première Communion, le choix d'un état, la vocation ecclésiastique*, et enfin, cette année, *le mariage*, considéré, on le comprend, non au point de vue dogmatique, mais comme le terme ordinaire auquel aboutit l'éducation du jeune homme.

A l'enseignement de la parole, l'Archevêque joignait l'enseignement de l'exemple. Il ne se contentait pas de recommander avec instance les œuvres d'éducation : il contribuait de tout son pouvoir à leur fondation. Nous avons vu le développement qu'il avait donné à l'Œuvre des écoles chrétiennes, et ses prescriptions relatives aux catéchismes des petits enfants et aux catéchismes de persévérance. Il ne s'en tint pas là : il réorganisa dans sa ville archiépiscopale l'Œuvre de jeunesse, et jusqu'à ses derniers jours, il la combla de sa bienveillance, de sa protection efficace, de ses attentions paternelles. Malgré ses charges et l'exiguïté de ses ressources, il donnait pour les Œuvres, chaque année, une somme considérable. Dernièrement encore, désireux d'assurer l'avenir de ces fondations, il se proposait de concourir avec une grande générosité à leur établissement définitif.

Les associations des jeunes filles n'attiraient pas moins sa bienveillance que celles des garçons. Au souvenir de ses œuvres d'Épinal et de Saint-Dié, il avait voulu que son frère prît la direction de l'Association des jeunes ouvrières établie chez les Sœurs de la Charité. Il encourageait les jeunes prêtres à se jeter dans ce mouvement, et c'était sous ses auspices que la *Conférence des Œuvres* du Grand-Séminaire s'était établie. Aussi le nombre des Œuvres de persévérance qui se sont fondées pendant son épiscopat, dans ces dernières années, catéchismes, patronages, associations, de quelque nom qu'on les appelle, est-il fort satisfaisant.

D'ailleurs toutes les œuvres de zèle étaient assurées de trouver chez lui un protecteur éclairé et généreux. Tous les dimanches de carême, aussi longtemps que sa santé le lui permit, il venait à la Cathédrale célébrer la messe de l'Association des hommes. On sait la part prépondérante qu'il prit à la fondation du *Crédit mutuel et populaire*, et l'hospitalité qu'il donna dans son palais, l'année dernière, au congrès des Sociétés coopératives de crédit. Nous pouvons bien révéler ici qu'il aurait voulu recevoir à Bourges le congrès de l'*Union des OEuvres*. Il en fut empêché par la maladie. Dernièrement enfin, il se proposait de fonder un *Bureau diocésain des OEuvres*.

L'œuvre par excellence de l'Évêque, c'est la formation de son clergé. Ce fut une des joies de Mgr Marchal et l'un des honneurs de son épiscopat, que ses séminaires acquirent sous sa haute direction une prospérité qu'ils n'avaient jamais connue. Jamais, même avant la Révolution, le Grand-Séminaire n'avait atteint le chiffre d'étudiants qu'il comptait il y a deux ans. Et quant aux ressources, sans doute les séminaires sont toujours pauvres et la suppression des bourses fournies par l'État avait causé une grande gêne, mais l'Œuvre du Sacerdoce, fondée par Monseigneur et enrichie sur sa demande de précieuses indulgences, avait en partie remédié au mal.

Tranquille du côté du recrutement, l'Archevêque avait porté son attention sur les études des ecclésiastiques après leur sortie du Grand-Séminaire. Dès 1881, il adressait à son clergé une circulaire au sujet des examens et des conférences. Les prescriptions, aussi sages que fermes, qui accompagnaient cette circulaire, eurent promptement rétabli l'ordre et la régularité là où quelques négligences avaient pu se glisser. L'Archevêque surveilla de très près l'exécution de ces règlements : malgré ses écrasantes occupations ils s'astreignit à corriger les sermons qui sont comme la partie écrite des examens des jeunes prêtres, et il les renvoyait à leurs auteurs avec une note et des remarques de sa main.

L'intérêt des hautes études ecclésiastiques, tout autant que la cause de la liberté de l'enseignement et la nécessité pour l'Église d'avoir son influence dans la formation des autorités sociales, le portèrent à donner à l'Institut catholique de Paris le concours actif, éclairé, efficace, qu'il avait porté à la fondation de l'Université catholique de Lyon. Chaque année, il adressait à ses diocésains une lettre pastorale pressante pour solliciter leurs sympathies et leurs aumônes en faveur des facultés catholiques, et pour déterminer les familles de son diocèse à confier leurs enfants à ces maîtres chrétiens. Lui-même ne cessa pas d'entretenir aux facultés des lettres et des sciences plusieurs ecclésiastiques qu'il destinait à l'enseignement de ses séminaires ou de ses collèges. Il avait même en quelque sorte chargé l'Institut du contrôle des études dans les petits séminaires du diocèse, et chaque année ce contrôle était exercé par deux professeurs des plus éminents des Facultés catholiques.

La loi qui astreignait les clercs au service militaire fut pour notre Archevêque un sujet de grande douleur. Déjà en 1881, à l'annonce du projet de loi, il avait adressé aux sénateurs et aux députés de son diocèse, ainsi qu'au Président de la République, une lettre où il discutait ces dispositions impies avec autant de mesure que de raison. En 1887, il adressa cette même lettre, avec les modifications nécessaires, au Ministre de la Guerre. Cette lettre, publiée après le vote de la loi, fut reproduite par un bon nombre de journaux catholiques, et on fut unanime à la considérer comme un modèle de discussion forte, péremptoire, en même temps que digne, sereine et respectueuse. Pour parer au mal autant que possible, Monseigneur fonda à Bourges une Œuvre militaire qui devint en peu de temps très florissante. Il créa également des lieux de réunion pour les soldats dans les autres villes de garnison. Les séminaristes soldats durent fréquenter assidûment ces œuvres, et ainsi fut sauvegardée leur sainte vocation.

Continuant l'œuvre de Mgr de La Tour d'Auvergne, il avait, dès son arrivée parmi nous, travaillé à la refonte de nos Statuts diocésains. Ce travail fut achevé au synode de 1884. Il reproduisait en substance les Statuts du Cardinal Du Pont modifiés ou complétés par les décrets du concile du Puy et par les ordonnances des synodes de 1863 à 1884.

Rien d'essentiel n'était donc changé aux anciens Statuts; mais les modifications apportées au texte de ces lois, et les divers règlements développés dans des appendices spéciaux indiquaient l'expérience consommée, l'autorité ferme et prévoyante du prélat, qui avait passé trente ans de sa vie dans le gouvernement des diocèses.

Les retraites ecclésiastiques forment le premier appendice des nouveaux règlements. Personne ne songea à se plaindre de ces sages prescriptions où l'ordre et la liberté sont conciliés dans une mesure parfaite. D'ailleurs l'Archevêque donna le premier l'exemple de l'observation rigoureuse des Statuts. Il assistait chaque année aux deux retraites ecclésiastiques, et ceux qui l'ont connu, incapable de prendre du repos si ce n'est à la dernière extrémité, peuvent se faire une idée de l'écrasante fatigue que ces retraites lui apportaient. Car non seulement il assistait à tous les exercices, mais, plusieurs fois par jour, il y parlait, et, du matin au soir, il recevait la visite de ses prêtres, traitant avec eux des mille détails de leur administration paroissiale.

Mais un ministère plus pénible encore que celui des retraites ecclésiastiques, c'était la visite pastorale du vaste diocèse confié aux soins de notre Archevêque, et l'administration du sacrement de Confirmation au cours de ces visites. On sait comment Monseigneur s'acquittait de cette charge. Dès le matin, pendant les plus fortes chaleurs de l'année, il était à l'église; autour de lui, des centaines d'enfants entourés d'une foule immense; il célébrait la sainte messe en présence de tout ce peuple dans une enceinte surchauffée et une atmosphère étouffante. Puis il donnait la Confirmation après avoir interrogé un grand nombre d'enfants; ensuite il parlait à ces enfants et aux fidèles laissant son cœur s'épancher en conseils pleins de sagesse et de bonté. Arrivé au presbytère, il recevait les membres du conseil de fabrique, puis il fallait affronter la fatigue des dîners d'apparat. Dans la même journée, le plus souvent, à quelques lieues de là, nouvelle cérémonie de Confirmation. A peine descendu de voiture, il entrait à l'église où il retrouvait une foule de peuple et d'enfants qui l'attendaient, et auxquels il se livrait avec la même prodigalité que le matin.

Le soir, c'était le repos, mais le repos pour lui c'était le travail, le courrier du matin, toujours considérable, auquel il fallait répondre, et l'on sait que devant cette besogne notre Archevêque ne reculait jamais. Ce qu'il a écrit de lettres, ce qu'il a expédié de dossiers, d'affaires, par lui-même, minutant lui-même toutes les communications administratives, répondant lui-même à toutes les lettres de ses prêtres, est incalculable.

Il portait dans ses tournées de confirmation son règlement de vie de l'archevêché. A l'archevêché, Monseigneur ne cherchait pas à se décharger sur ses vicaires généraux ou ses secrétaires du travail administratif. Sous ce rapport, il était comme l'un d'eux ; aucune besogne n'était pour lui trop ingrate.

Il trouvait pourtant encore, au milieu de ses occupations écrasantes, le temps d'étudier. Il avait pour cela réservé certaines heures, pendant lesquelles il se renfermait dans une petite cellule cachée au dernier étage de son palais. C'était son repos, ou, si l'on veut, sa récréation. Il notait les ouvrages qu'il avait lus ainsi depuis le commencement de ses études. Il en était arrivé il y a quelques années au quinze-centième. Il lisait ainsi les ouvrages les plus sérieux et les plus considérables de l'Écriture-Sainte, de la théologie, de l'histoire, comme par exemple, l'Histoire Universelle de Cantu, qu'il avait lue dans ces derniers temps ; et il lisait avec grand soin, de telle sorte qu'après avoir parcouru des œuvres d'une grande étendue, il pouvait en rendre compte avec exactitude. Il avait pour cela une facilité d'assimilation extraordinaire. Aussi ses conversations avec les hommes cultivés qu'il rencontrait étaient-elles extrêmement intéressantes et témoignaient des connaissances les plus variées.

Toute cette activité, qui lui faisait accomplir l'œuvre de plusieurs hommes, ne le détournait pas du recueillement nécessaire à la vie de piété. Il portait dans ses entretiens avec Dieu la note qui le caractérisait : la simplicité, la droiture, la loyauté. La piété ne prenait donc pas chez lui une forme étrangère à sa nature : il n'y avait point de dualisme dans cette âme. Jusqu'à la fin, il conserva les habitudes de régularité qu'il avait prises au séminaire, accomplissant toutes les missions de son ministère sacré avec beaucoup de gravité, mais sans vives démonstrations, et avec ce respect qu'il avait été accoutumé dès son jeune âge à donner aux choses saintes. Il racontait à ce sujet un fait de son enfance, qui avait eu sur son âme une influence décisive.

Il allait avoir sept ans, et son oncle, le vénérable curé de Tendon, l'avait envoyé chez un confrère voisin pour se confesser. Soixante ans après, cet épisode, le plus grave de sa petite enfance, était encore devant ses yeux ; son arrivée au presbytère, la présentation de sa requête et la gravité avec laquelle elle fut reçue ; on l'envoyait aussitôt à l'église pour sa préparation, et bientôt le confesseur suivait ; après une prière à l'autel, il se revêtait d'un surplis et il entrait au confessionnal. Tout cet appareil de religion, de grandeur, de solennité, pour un petit enfant, lui avait donné de l'administration du sacrement de Pénitence une impression qui ne s'effaça jamais plus. Jamais, quelque accablé de travail qu'il pût être, il ne se départit de cette gravité, dont il avait trouvé l'exemple dans les prêtres modèles au milieu desquels il avait passé son enfance. A Épinal, où il devait faire au confessionnal des séances interminables de jour et de nuit, le souvenir du respect qu'il avait toujours apporté dans l'exercice de ce ministère le rassurait. Le bon Dieu me fera miséricorde, disait-il, quand ce ne serait que pour me récompenser du soin avec lequel j'ai toujours administré le sacrement de Pénitence.

On nous saura gré de relater ici un autre trait de son enfance. Le futur archevêque de Bourges avait pour commensal au presbytère de Tendon, M. l'abbé Duroin, un prêtre retraité qui avait été ordonné à Trèves pendant les mauvais jours de la Révolution. La veille de la première communion du jeune Marchal, le vénérable confesseur de la foi lui fit promettre de croire à l'infaillibilité du Pontife romain et de défendre toujours ce qui passait alors pour une opinion libre et peu en faveur. Le professeur de théologie se souvint plus tard de la promesse du premier communiant, et il fut le premier à enseigner au séminaire de Saint-Dié la vraie doctrine. Ce souvenir d'enfance fit un jour la joie du Pape Pie IX, auquel l'évêque de Belley le racontait.

Il portait dans ses actions une grande honnêteté de conscience et une grande netteté d'intention. Naturellement et comme d'instinct, il cherchait en toutes choses le plus grand bien, et si parfois il hésitait dans l'exécution de certaines mesures, c'est qu'il voulait bien s'assurer qu'aucun acte de son administration n'était inspiré par quelque sentiment humain.

A son arrivée à Bourges, il fut heureux de mettre son épiscopat sous les auspices de sainte Solange, à l'occasion de la reconnaissance solennelle des reliques de la sainte Patronne du Berry. Il avait même conçu à l'honneur de la Sainte de beaux projets, comme la construction d'une nouvelle église. Même il entrevoyait, comme dans un rêve lointain, de pieuses fondations autour de cette église, un pèlerinage permanent, avec un service toujours assuré.

Il célébra avec un grand éclat dans sa Cathédrale les fêtes de la canonisation des saints de la Compagnie de Jésus, celle de la béatification du B. J.-B. de la Salle, du centenaire de saint Louis de Gonzague, et d'autres encore, soit à Bourges, soit dans diverses paroisses de son diocèse.

A un autre point de vue, l'épiscopat de Mgr Marchal sera signalé par les importantes restaurations de la Cathédrale et par la reconstruction de l'archevêché. Ces travaux, terminés seulement il y a quelques années, rendirent à notre palais archiépiscopal, sinon sa splendeur primitive, au moins le caractère de grandeur qui en fait l'une des plus belles résidences épiscopales de France.

Touvent appartenait déjà à la mense archiépiscopale, lorsque Mgr Marchal arriva à Bourges, mais il y fit diverses améliorations : clôtures, agrandissement de l'école, etc. Il affectionnait particulièrement cette magnifique résidence où il allait, pendant deux mois de l'année, se reposer de ses fatigues. Il était heureux d'y recevoir ses prêtres et ses diocésains de l'Indre, et c'était là qu'il invitait ses amis à venir le voir. Il y donna l'hospitalité à des personnages éminents, entre autres Son Ém. le Cardinal Foulon, archevêque de Lyon.

Rien ne saurait exprimer le respect et la reconnaissance dont il entourait la généreuse bienfaitrice qui avait donné cette maison aux Archevêques de Bourges. Par un sentiment d'extrême délicatesse, Mme Thayer s'était interdit de séjourner dans son ancienne demeure, se contentant d'y faire quelques rares pèlerinages. Mgr Marchal la détermina à venir chaque année passer quelques jours à Touvent, à leur grande joie à tous deux. Lorsqu'elle mourut et que son corps fut ramené dans le tombeau qu'elle s'était préparé, à côté des restes de son mari et de ses enfants, Monseigneur rendit un hommage public à sa mémoire en ordonnant un service solennel pour l'âme de cette grande chrétienne dans l'église Notre-Dame de Châteauroux. En même temps, Mgr de Sinope publiait sur la fondation de Touvent une relation, écrite sous les yeux de Mme Thayer, et par conséquent aussi remarquable par l'exactitude du fond, qu'elle l'était par la perfection de la forme.

Au premier rang des amis auxquels Monseigneur se réjouit de faire les honneurs de son palais, il faut placer, on le comprend, le Cardinal Caverot. C'était le Cardinal Caverot qui l'avait formé à l'administration ; ses exemples, ses principes, et jusqu'à sa vie extérieure, avaient exercé sur Mgr Marchal une influence visible. C'était bien le père qui se continuait dans le fils. Nous ignorons si le Cardinal vint à Touvent, mais au moins Monseigneur le reçut à Bourges au mois de juin 1881, et il présida dans la Cathédrale une splendide procession de la Fête-Dieu. C'était quelques mois après les fêtes du *Jubilé sacerdotal* de l'éminent Primat des Gaules. Mgr Marchal avait pris à ces fêtes une part considérable en prononçant le discours de circonstance dans la Primatiale de Lyon. « Nul, dit l'historien du Cardinal, ne pouvait plus justement que lui, ancien vicaire général et fils dévoué du Cardinal Caverot, prétendre à l'honneur d'interpréter les sentiments de tous en ce jour mémorable. Ajoutons que nul n'aurait su le faire avec plus d'à-propos. » Cinq ans plus tard, il devait retourner à Lyon pour rendre à son père en Dieu, à son modèle et à son maître, les derniers devoirs de la piété filiale. Cette mort fut une des plus grandes douleurs des dernières années de la vie de Mgr Marchal. Mais Dieu, qui sait mettre la consolation à côté des épreuves, lui préparait une grande joie, l'élévation de son frère à la dignité épiscopale.

Déjà, en 1887, le prélat avait eu l'honneur de conférer le caractère des évêques à son vicaire général, Mgr Blanchet, trop tôt enlevé, hélas! à l'affection de ses amis et de ses diocésains, et au pieux missionnaire d'Issoudun, Mgr Navarre. Ce fut pour Bourges et le diocèse un événement extraordinaire, et tous les prêtres et les fidèles s'associèrent au bonheur qu'éprouvait l'Archevêque à présider ces grandes fêtes. Mais la Providence lui en préparait une autre, qui serait comme le couronnement de sa vie épiscopale, et, pour son cœur de frère et de père, la plus douce des jouissances.

La maladie dont il avait ressenti les premières atteintes à Belley en 1878, avait fait d'incessants progrès. Après huit ans de courses apostoliques dans son immense diocèse, il sentit que le fardeau devenait trop lourd pour ses épaules et il exposa cette situation au Saint-Père. On sait quelle fut la réponse de Rome : l'Archevêque de Bourges ne devait pas songer un seul instant à se démettre de sa charge. On lui donnerait un auxiliaire. N'avait-il pas son frère? A Paris, l'exposé de la situation reçut le même accueil : spontanément on lui désigna son frère comme auxiliaire. Si l'Archevêque avait pu craindre un instant que les désirs intimes de son cœur ne fussent inspirés par un excès d'amour fraternel, il se sentit rassuré par cette désignation qui prévenait toute demande de sa part. Ce frère, il le considérait un peu comme son fils, il l'avait associé dès la première heure au gouvernement de ses diocèses, ils n'avaient tous deux vraiment qu'un cœur et qu'une âme ; rien ne serait changé, c'était encore notre Archevêque, mais rajeuni et fortifié. Dans la lettre pastorale qu'il publia à cette occasion, il donnait un libre cours à sa joie fraternelle, et il exprimait ce sentiment, qui était en effet au fond de tous les cœurs : c'est que, désormais, il nous appartenait davantage, puisqu'il consacrait à notre service l'objet de ses plus chères affections : « Il n'y a plus rien en nous, disait-il, qui ne vous appartienne entièrement et sans retour ». Le sacre eut lieu le 30 juillet 1888, en présence d'un grand nombre de prêtres du diocèse et d'amis venus de Saint-Dié et de Belley, tous heureux de voir notre Archevêque rassuré pour l'avenir, tandis que le nouvel évêque se réjouissait de pouvoir enfin procurer à son frère le soulagement dont il avait tant besoin.

Cependant le mal qui minait la robuste constitution de notre Archevêque l'affaiblissait chaque jour davantage. Les crises devenaient de plus en plus fréquentes, à ce point qu'il en vint bientôt à n'avoir plus un seul jour de répit. Tous les remèdes étaient impuissants. Ses souffrances étaient cruelles, mais il les endurait avec une grande patience, sans se plaindre, essayant toujours de les dominer ou de les dissimuler, ne quittant son travail et ne fermant sa porte aux visiteurs que lorsque l'acuité de la douleur et les étouffements qui en étaient l'accompagnement habituel, le réduisaient à l'anéantissement. C'était un martyre incessant, une souffrance qui ne mettait pas sa vie en danger immédiat, mais qui la mettait à la merci du moindre accident.

Nous n'avons pas à redire ici comment ce martyre se termina[1]. Voyant la vie de son frère gravement compromise par les fatigues de la tournée de confirmation, il ne voulut pas manquer aux populations du diocèse qui attendaient leur Évêque, et il alla prendre sa place malgré les représentations de son entourage. Le souvenir de cette fin glorieuse, de cette mort au champ d'honneur, est dans toutes les mémoires. On ne peut désirer pour sa gloire et pour l'édification de son peuple un plus beau couronnement d'une sainte vie, consacrée tout entière au bon combat pour Dieu et pour les âmes.

Rien ne saurait rendre les impressions profondes causées par une telle mort sur l'esprit et le cœur de ses diocésains. Ils reconnaissaient là le prêtre, l'évêque, c'est-à-dire l'homme du sacrifice, le bon pasteur qui donne sa vie pour ses brebis, et les ennemis eux-mêmes de notre sainte religion s'inclinaient devant cette grande figure d'évêque, auquel on ne pouvait pas reprocher d'avoir jamais recherché ni intérêt, ni satisfactions personnelles, que la tombe elle-même, ouverte sous ses pas, n'avait

---

[1] Les derniers moments sont racontés dans la lettre du Chapitre que nous publions plus loin, page 92.

point arrêté, et qui laissait à son peuple, en mourant ainsi, la plus éloquente des leçons.

Le dimanche qui suivit sa mort, nous célébrions au propre du diocèse la fête des Saints Archevêques de Bourges. Et pendant que nous chantions les louanges des Saints qui ont illustré le siège de saint Ursin, notre pensée ne pouvait se détacher de l'Archevêque dont la dépouille mortelle était là, sous nos yeux, dans cette salle synodale où son nom allait être inscrit à la suite de ses prédécesseurs. Il semblait que c'était sa fête aussi que nous célébrions, et toutes les paroles que la sainte liturgie ramenait sur nos lèvres, c'est à lui que nous les appliquions : *Exaltavit Dominus humiles de gente ista ut præessent populo suo. Le Seigneur a exalté les humbles dans cette nation pour en faire les chefs de son peuple.* — *Super muros tuos, Jerusalem, constitui custodes : tota die et tota nocte in perpetuum non tacebunt. Sur tes murs, ô Jérusalem, j'ai établi des gardes ; tout le jour et toute la nuit, jusqu'à la fin, ils élèveront la voix.*

Et il nous semblait l'entendre : *Memores estis laboris nostri et fatigationis nostræ ; nocte ac die operantes prædicavimus in vobis evangelium Dei. Vous vous souvenez de notre travail et de notre fatigue ; nous avons travaillé jour et nuit pour vous prêcher l'Évangile de Dieu.* Et ces autres paroles, qui semblent avoir été dites pour lui : *In simplicitate cordis et sinceritate Dei. Dans la simplicité du cœur et la sincérité de Dieu.*

N'était-il pas, lui aussi, un de ces pontifes dont nous trouvons le portrait au livre des Machabées : *Sacerdotes sine macula, voluntatem habentes in lege Dei : Prêtres sans tache, n'ayant d'autre volonté que la loi de Dieu ?* C'était bien lui, vraiment. Il a pu mourir sans que jamais personne ait douté de sa simplicité et de sa droiture ; il a constamment et sincèrement voulu l'accomplissement de la loi de Dieu.

———

LES FUNÉRAILLES DE MGR L'ARCHEVEQUE

(Extrait de la *Semaine Religieuse* de Bourges du 4 juin 1892.)

LA VEILLÉE FUNÈBRE

Deux jours se sont écoulés depuis que la dalle qui s'ouvre seulement à l'heure des grands deuils s'est refermée sur la dépouille funèbre de notre Archevêque. Déjà la vie, qui ne s'arrête pas, a repris ses droits, et du CXVLIII[e] successeur de saint Ursin, il ne reste plus qu'un cercueil, attendant, sous le pavé de la Cathédrale, qu'un autre cercueil le déplace, un nom et une date dans la salle synodale, des œuvres que le bon Dieu a récompensées déjà, et, pour nous, un souvenir qui ne s'effacera pas.

La mort a cela d'admirable, a dit un écrivain, qu'elle donne au souvenir toute sa liberté. Elle permet à ceux qui ont vu de lever le voile, à ceux qui ont reçu de confesser le bienfait, à ceux qui ont aimé d'épancher leur amour. Nous nous faisions ces réflexions cette semaine, en voyant la foule qui venait, une dernière fois, contempler les traits de son Père, et prier auprès de sa couche funèbre. D'où venait tout ce peuple ? Monseigneur n'avait fait que passer au milieu de cette population, et depuis plusieurs années la maladie le tenait renfermé dans son palais. Mais on le connaissait.

Pour aucun de ses visiteurs attristés, Monseigneur n'était un inconnu. Ils le connaissaient, ces enfants pour lesquels il avait fondé, pour lesquels il soutenait, Dieu sait au prix de quels sacrifices, les écoles et les œuvres de jeunesse ; ils le connaissaient, ces ouvriers ; ils savaient combien il aimait leurs réunions pieuses et leurs sociétés économiques, et lorsqu'ils avaient besoin d'une recommandation ce grandiose palais ne les effrayait pas. Ils le connaissaient ces soldats que, chaque année, il allait voir, présidant leurs fêtes et leur portant la bonne parole.

On le savait accessible à tous, ne rebutant personne, aussi simple et aussi bon avec un ouvrier qu'il était digne avec les grands de ce monde. Que de services n'a-t-il pas rendus, de ces services qu'un homme du peuple n'oublie pas et qui font plus de bien que l'aumône ! Combien lui doivent la place qu'ils occupent, le pain qu'ils mangent !

Les hauts fonctionnaires de la ville et du département, magistrature, armée, administration, s'étaient empressés de venir s'inscrire à l'archevêché ou d'envoyer leurs compliments de condoléance. De tous les points de la France des centaines de télégrammes apportaient à Monseigneur de Sinope l'expression de regrets universels. Par une délicate attention, M. le maire de Bourges, d'accord avec l'autorité militaire, avait décidé de supprimer les concerts du jardin de l'archevêché. Les grandes familles offraient à l'envi leurs hôtels pour recevoir les évêques qui viendraient aux obsèques.

Dans une population qui n'est pas portée à juger favorablement les personnes élevées en dignité, surtout lorsqu'elles sont consacrées par la religion, pas une voix discordante. C'est l'unanimité dans le respect, dans l'estime, dans l'éloge, dans l'attachement même ; un concert éloquent d'admiration.

C'est vendredi soir que le corps a été mis en bière. Monseigneur de Sinope, malgré son accablement, avait voulu être présent à ce suprême ensevelissement. Le corps de Monseigneur fut déposé dans un double cercueil avec ses vêtements pontificaux, la mître, la croix pectorale, l'anneau pastoral au doigt, le pallium ; dans ses mains, son chapelet et un crucifix. Puis, le lendemain, lorsque tout fut prêt, il s'organisa comme un premier convoi, simple, pieux et intime, vers la chapelle ardente, la dernière station avant la tombe.

Monseigneur de Sinope, accompagné de MM. les abbés Lacour, ses cousins, accourus à la première nouvelle de sa mort, MM. les vicaires généraux, quelques amis, la famille de l'archevêché, suivaient en pleurant le cercueil descendant les degrés de l'escalier royal du palais. Quel contraste, grand Dieu ! quand on se rappelait le magnifique cortège des grands jours, ce splendide tableau de l'Archevêque, revêtu de ses ornements d'or, et descendant ce même escalier aux grandes fêtes, précédé de nombreux lévites portant les insignes pontificaux, accompagné de tous les dignitaires de sa maison !

La chapelle ardente avait été préparée dans la salle synodale. Au fond, une tenture noire ornée d'une large croix blanche, et sur laquelle se détache en semis de lettres d'argent le chiffre du défunt. Au milieu, un superbe catafalque, entouré de cierges nombreux, et orné des armes de Monseigneur. Au pied du catafalque, deux crédences avec des bénitiers. De chaque côté deux petits autels. A l'entrée de la salle et aux grandes baies qui donnent entrée dans l'escalier, de belles portières avec bordures et patères d'argent. Tout avait été fourni par MM. Lesètre et Chevalier, administrateurs des Pompes Funèbres de Bourges.

C'est là que la foule n'a cessé de se presser pendant quatre jours, depuis les premières heures de la journée jusqu'au soir. Le matin surtout, le spectacle était bien touchant. Des messes étaient célébrées aux deux petits autels de la chapelle ardente et les fidèles y assistaient en grand nombre, priant et faisant la sainte communion pour leur Père défunt.

LA LETTRE DU CHAPITRE

Vendredi, les chanoines de la Cathédrale adressaient au clergé du diocèse la belle lettre suivante. C'est l'expression digne et touchante de nos sentiments à tous :

« *Bourges, 27 mai 1892.*

« Monsieur le Curé,

« Nous nous sommes empressés de vous faire connaître le douloureux événement qui plonge le diocèse de Bourges dans le deuil et inflige à l'Église de France une perte qui sera profondément ressentie, la mort de Monseigneur Joseph Marchal, notre digne Archevêque. Déjà de toutes parts arrivent les plus touchantes expressions de regrets qui nous témoignent qu'au loin bien des cœurs battent à l'unisson des nôtres pour apprécier et déplorer notre malheur.

« Au jour si solennel de son entrée dans ce diocèse et de la prise de possession de son siège, ce regretté pontife résumait en ces mots tout le programme de son apostolat au milieu de nous : « Celui qui donne son cœur se donne
« lui-même, entièrement et sans réserve, comme le bon
« Pasteur qui sacrifie sa vie pour ses brebis. A vous donc,

« avec notre cœur, toutes nos affections, toutes nos
« pensées, tous nos travaux, notre vie tout entière. »

« A-t-il loyalement tenu son engagement? Nous l'avons vu, vous l'avez vu comme nous à l'œuvre, et nous pouvons attester que pendant les douze années de son pontificat, sa vie n'a été que la ratification de cette promesse.

« Oui, vraiment, il a été à nous, prêtres et fidèles, avec tout son cœur, ses affections et ses pensées. Il n'est pas une heure qu'il se soit réservée. Il n'est pas un intérêt personnel qu'il n'ait volontiers sacrifié à notre intérêt. Avec qu'elle plénitude de zèle ne s'est-il pas appliqué à pourvoir aux exigences du temps présent pour sauvegarder les institutions menacées, pour répondre aux besoins nouveaux surgissant de toute part. Que d'œuvres par lui affermies, soutenues, fécondées, défendues ou créées. Sa grande âme mesurait avec justesse les maux dont souffre la sainte Église pour laquelle elle brûlait d'un ardent amour, et elle les ressentait en proportion. Comme son cœur généreux résumait en lui-même toutes les tristesses et les peines qui atteignaient chacun de ses fidèles et s'ingéniait à y porter remède, souvent au prix de quels sacrifices! Dieu seul le sait!

« Depuis plusieurs années, en butte à des souffrances inouïes et continues, il ne surmontait son mal que par l'excès de son travail. Bien qu'admirablement secondé et suppléé pour le ministère extérieur par un autre pontife, son frère, qui s'est acquis par son dévouement tous les titres à notre reconnaissance comme à notre attachement, il ne put consentir à demeurer étranger à aucun des détails concernant l'administration de son vaste diocèse. Il n'a profité de cet allègement que pour s'adonner avec plus de plénitude à des labeurs qui l'épuisaient, mais qu'il nous savait profitables.

« Enfin, il y a trois semaines, Monseigneur de Sinope, surpris par la maladie et succombant aux fatigues de sa tournée pastorale, était obligé de s'arrêter. Le 5 de ce mois, Monseigneur l'Archevêque se rendait à Saint-Amand tandis que son frère s'alitait, aux prises avec une bronchite et un épuisement général qui, durant plusieurs jours, donnèrent les plus vives alarmes.

« Résistant aux instances du Vicaire général qui l'accompagnait, aux supplications de tous ceux qui étaient témoins de ses souffrances, Monseigneur l'Archevêque s'obstina à poursuivre cette œuvre de son ministère : « *Jusqu'au bout* », répondait-il à ceux qui cherchaient à entraver sa marche. « Mais, Monseigneur, lui disait-on, « vous êtes au bout de vos forces. » « Soit! répondait-il, « *et plus encore*. Je ne puis imposer cette déception aux « populations qui m'attendent, à un si grand nombre de « confirmands qui ont été si laborieusement préparés. » Il poursuivit ainsi jusqu'au mercredi 25. Il devait donner la confirmation au Châtelet, mais la nuit avait été des plus douloureuses et d'alarmants symptômes lui firent intimer par son médecin l'ordre d'interrompre et de s'arrêter.

« Parti à onze heures du Châtelet, il arriva à Bourges à six heures. Ce long trajet ne fut que la voie du Calvaire et la consommation du mal qui devait provoquer le fatal événement.

« Cependant sa piété sut dominer le mal. Cette vigile de l'Ascension était le quarante-neuvième anniversaire du jour où Monseigneur avait commencé la *récitation du Bréviaire en vue* de son sous-diaconat. Évoquant ce souvenir le saint prélat prit son Bréviaire et fit effort pour le réciter en se reportant à cette date de sa jeunesse cléricale et de sa première consécration à Dieu.

« A minuit et demi, il expirait après une courte agonie, réconforté, sanctifié par la sainte Extrême-Onction.

« Dieu l'a appelé à la première aurore de ce jour où Notre Seigneur Jésus-Christ triomphant de la mort et de l'enfer ouvrait les portes du ciel à ses élus ! C'est pour nous un gage de plus des divines miséricordes à l'égard de ce Père que nous pleurons et une douce garantie des espérances qui seules nous peuvent consoler. Rien de plus touchant que l'explosion de regrets que provoqua la première nouvelle de ce douloureux événement dans la ville de Bourges. Des milliers de fidèles sont venus, empressés, autour du lit funèbre, et n'ont pu constater sans émotion l'expression de douceur et de sainteté que la mort a su respecter et lui a conservée.

« Ses obsèques se feront mercredi prochain 1ᵉʳ juin, à 10 heures, et vous êtes invité à y assister en habit de chœur.

« Son Éminence le Cardinal-Archevêque de Paris présidera, nous l'espérons.

« Agréez, Monsieur le Curé, l'assurance de nos sentiments bien affectueux et dévoués en N. S.

« *Les Chanoines du Chapitre de l'Église Métropolitaine de Bourges.* »

LES FUNÉRAILLES

Le jour des funérailles est arrivé. Les cloches de toutes les paroisses de la ville sonnent le glas funèbre. Une foule immense remplit les rues et les places qui environnent la Cathédrale. Les autorités constituées se rendent à l'Archevêché, des délégations de toutes les œuvres et de toutes les communautés religieuses du diocèse sont là avec leurs bannières voilées de crêpe.

A 10 heures précises la levée du corps est faite par Monseigneur l'évêque de Blois, qui préside la procession. Puis le cortège se met en mouvement dans l'ordre suivant :

La paroisse Saint-Bonnet,
La paroisse Notre-Dame,
La paroisse Saint-Pierre,
L'Hôpital général,
Le Bon-Pasteur,
Les Orphelines,
Les vieillards des Petites-Sœurs des Pauvres,
Le Tiers-Ordre de Saint-François,
Les Servantes de Marie et Congrégation,
Les Sœurs étrangères à la ville de Bourges, formant un groupe,
Les Sœurs représentant les communautés cloîtrées,
Les Sœurs du Bon-Secours,
Les Sœurs de Marie-Immaculée,
Les Sœurs de la Sainte-Famille,
Les Sœurs de la Charité,
Les Œuvres ouvrières de Bourges : Œuvre de persévérance, Patronage, Cercle, Société de Saint-François-Xavier, avec leurs bannières,
Les Conférences de Saint-Vincent de Paul,
Les Frères des Écoles chrétiennes conduits par le Frère assistant, représentant le Très-Honoré Supérieur général de l'Institut, et le Frère Visiteur du district.
L'École Sainte-Marie,
Le Petit-Séminaire de Saint-Gaultier,
Le Petit-Séminaire de Saint-Célestin,
Les RR. PP. du Sacré-Cœur d'Issoudun,
Les RR. PP. Franciscains,
Les RR. PP. des congrégations religieuses du diocèse,
La Maîtrise de la Métropole.

Le Grand-Séminaire.

Le clergé : curés-doyens, archiprêtres, chanoines, venus de tous les points du diocèse. Tous les doyennés sont représentés, plusieurs ont envoyé tous leurs curés. Des centaines de prêtres sont présents. Un journal en évalue le nombre à quatre cents.

Puis viennent : le Chapitre Métropolitain.

Le RR. Père Abbé de Fontgombault, accompagné d'un de ses religieux, et Nos Seigneurs les Évêques :

Mgr Lamouroux, évêque élu de Saint-Flour.

Mgr Lagrange, évêque de Chartres.

Mgr Luçon, évêque de Belley, accompagné de M. de Boissieu, son vicaire général.

Mgr Renouard, évêque de Limoges, et enfin Mgr Laborde, évêque de Blois.

Mgr Coullié, évêque d'Orléans, Mgr Fulbert Petit, évêque du Puy, ainsi que le Cardinal Richard, n'ont pu, en raison de leur santé, suivre la procession. Ils se sont rendus directement à la Cathédrale.

NN. SS. de Clermont et de Tulle ont été empêchés par la maladie de venir rendre les derniers honneurs à leur métropolitain, mais ils ont délégué leurs vicaires généraux. Mgr l'Archevêque de Tours, également fatigué, a envoyé ses regrets de ne pouvoir faire le voyage.

Mgr de Saint-Dié s'est fait représenter par M. le vicaire général Raison ; Mgr de Nevers, Mgr de Dijon et plusieurs autres évêques, également empêchés, se sont fait représenter à la cérémonie. Parmi les ecclésiastiques étrangers présents, citons au hasard M. le chanoine Thomas, secrétaire particulier de S. Ém. le Cardinal de Paris, M. l'abbé Juvanon, chanoine archiprêtre de Belley, M. le chanoine Costaz, également de Belley, M. l'abbé Perretant, supérieur du grand séminaire de Brou, M. l'abbé Lagrange, vicaire général de Chartres, M. l'abbé Guéneau, curé de Saint-Nicolas du Chardonnet, à Paris, M. l'abbé Maillet, vicaire général de Dijon, le R. P. Ludovic de Besse, capucin, le R. P. Marie-Léon, prieur des Carmes déchaussés de Paris, M. le chanoine Pagis, de l'Institut catholique de Paris, et de Saint-Dié, en dehors de M. le vicaire général Raison, une nombreuse députation du clergé : M. le chanoine Hingre, ami intime de Mgr de Sinope, accouru le premier, M. le chanoine Claudel, curé doyen, ancien vicaire de Monseigneur, M. le chanoine Cheville, supérieur des Sœurs de Portieux, M. l'abbé Brenier, ancien vicaire et deuxième successeur de Mgr Marchal à la cure d'Épinal, M. l'abbé Chapelier, ancien vicaire général, archiprêtre de Neufchâteau. Presque tous les ecclésiastiques de Saint-Dié ont pris place dans le deuil.

Le char funèbre vient ensuite. Il est attelé de quatre chevaux, richement caparaçonnés. Le char est très élevé et d'un bel effet. Point de couronnes, ni de fleurs. Monseigneur avait demandé qu'on lui épargnât ces honneurs trop païens. Moins de fleurs et plus de prières. Le peuple a été vivement impressionné de cette dérogation, venue de haut, à des usages trop répandus. On trouvait cela digne et grand.

Les cordons du poêle étaient tenus par MM. le général de Kerhué commandant le 8ᵉ corps, Fau, premier président de la Cour d'appel, Mirpied, maire de Bourges, F. de Bengy, Gangneron et le baron Sallé, membres du conseil de Fabrique de la Cathédrale. M. le Préfet, absent de Bourges, s'était fait excuser.

Derrière le corbillard venait le deuil. Mgr de Sinope avait dû renoncer à suivre le cortège de son frère vénéré. Dans l'état de santé où il se trouve, c'est à peine si le médecin a pu lui permettre d'assister au service de la Cathédrale. Il y est venu pourtant, et tous ceux qui l'ont vu sanglotant pendant la cérémonie, ont pu comprendre l'immensité de sa douleur. MM. Auvrelle et Lesaché de la Neuville, vicaires généraux de Monseigneur, conduisaient le deuil. Ils étaient entourés par MM. les secrétaires de l'Archevêché et par les membres de la famille ou les amis intimes du prélat, MM. les abbés Lacour, M. Maurice Geny, ingénieur à Paris, M. l'abbé Noël, Dom Sauton, docteur en médecine, bénédictin de l'abbaye de Solesmes, M. l'abbé Bouchet, aumônier de Touvent, les serviteurs de l'Archevêché, etc.

Puis venaient les autorités constituées. En tête, le général de division Sonnois, la cour d'appel, le tribunal civil, le tribunal de commerce, la préfecture, les adjoints au maire de Bourges, les députations de tous les corps et services de la garnison de Bourges, États major, École d'artillerie, Commission d'expériences, Établissements militaires, Génie, Intendance, Service de santé, Justice militaire, Gendarmerie, Recrutement, Régiments d'artillerie et d'infanterie : en tout 54 officiers. M. le général Florentin ainsi que M. l'Intendant général Daussier étaient aux premiers rangs.

D'ailleurs toutes les administrations étaient représentées : Ponts et Chaussées, Forêts, Postes et télégraphes, Contributions, Enregistrement, Académie. Des places leur avaient été réservées dans la grande nef, au bas du chœur.

Le conseil de Fabrique de la Cathédrale et les divers conseils de l'œuvre particulièrement chère à Monseigneur, l'Œuvre des écoles chrétiennes, avaient aussi leur place marquée derrière le corbillard.

Au même rang on remarquait les représentants de la haute société de Bourges et les personnages venus pour assister aux obsèques de Monseigneur : M. le sénateur

Buffet, le vieux champion de nos libertés catholiques depuis près de 50 ans, M. le comte de Vaulgrenant, neveu du Cardinal Caverot, M. le Marquis de Vogüé, M. le prince d'Arenberg, M. de Lapparent, de l'Institut, MM. Servois, et bien d'autres dont les noms nous échappent.

Enfin, derrière encore, une foule compacte de fidèles en deuil et priant.

Le *Miserere*, chanté par la Maîtrise de la Cathédrale pendant la marche du cortège, a produit une impression profonde. Il y a dans ces chants à quatre parties, sans accompagnement, quelque chose de saisissant qu'on ne retrouve ni à l'orgue, ni à l'orchestre.

Le cortège suit les rues Victor Hugo, Moyenne, de la Monnaie, Porte-Jaune. On a renoncé au parcours suivi lors des obsèques de Mgr de la Tour d'Auvergne à cause de la difficulté que présentait pour le passage du corbillard l'intersection des rues Coursarlon et Porte-Jaune. On aurait pu descendre jusqu'à la rue de Paradis et remonter par la rue Saint-Michel, mais le Conseil municipal a jugé que ce long parcours aurait donné aux funérailles le caractère d'une manifestation.

Point de troupes sur le parcours, point d'honneurs militaires. Les règlements qui accordaient autrefois ces privilèges aux archevêques et aux évêques ont été modifiés sur ce point. D'ailleurs, aujourd'hui qu'il est interdit aux troupes commandées pour les funérailles d'un dignitaire de franchir le seuil d'une église, ces honneurs ressemblent trop à une impiété de libre-penseur pour qu'on puisse les regretter. Le cortège était protégé par le respect, la piété filiale de la population tout entière ; cela valait tous les honneurs.

Le service d'ordre était fait par la police municipale et la gendarmerie, qui, l'une et l'autre, se sont acquittées de leur tâche avec une courtoisie, un calme et en même temps une fermeté vraiment dignes des plus grands éloges. Dans cette foule massée le long des trottoirs le plus grand ordre n'a cessé de régner.

Il y avait pourtant là des milliers de personnes. On peut dire que toute la ville s'y trouvait, et nous y avons vu des gens du peuple venus de 15 à 20 lieues. Non seulement les rues étaient bordées d'une double haie compacte de spectateurs, mais il y en avait à toutes les fenêtres. Le perron de la Cathédrale, vu de la rue Porte-Jaune, alors que nous remontions cette rue, ressemblait à une fourmillière humaine.

Tout ce monde avait une attitude respectueuse. Les têtes se découvraient au passage des croix et du clergé, et le char funèbre était salué par un mouvement d'émotion particulier qui révélait les secrètes pensées de ce peuple. Il savait que l'homme qui était couché là, dans ce cercueil, était mort à la peine, sur la brèche, en plein travail, martyr du devoir.

La Cathédrale avait été fermée au public dès le matin, afin d'éviter l'encombrement. C'est seulement à l'arrivée des premières bannières que les portes du grand portail sont ouvertes. L'orgue entonne aussitôt son chant funèbre, et la procession s'avance lentement vers le chœur. La décoration est très simple. Seulement des tentures aux trois grandes baies du fond du chœur et à la stalle de l'Archevêque défunt. D'ailleurs, en ce moment, dans cette solitude qui précède l'envahissement, il semble que le monument lui-même, avec ces lustres allumés, avec ces cierges qui scintillent dans le lointain, ces lumières de la nuit le disputant à la lumière du jour, avec ce catafalque sombre qui s'élève là-bas, aux portes du chœur, avec ces gémissements des grandes orgues, ait revêtu des couleurs de deuil.

En quelques minutes et sans le moindre désordre, la Cathédrale est remplie. Le clergé occupe la partie du chœur qui touche au sanctuaire, mais un bon nombre d'ecclésiastiques ont dû chercher ailleurs d'autres places, celles du chœur étant insuffisantes. Les stalles du Chapitre sont occupées, d'un côté seulement, par la magistrature. Près de l'autel, du côté de l'Évangile, le deuil a pris place, entourant Mgr de Sinope. Devant le catafalque, près des grilles du chœur, et dans les premières travées de la grande nef, se trouvent les sièges des autorités. Après, ce sont les chaises réservées, jusqu'au bas de l'église. A la suite du cortège la foule, contenue à grand'peine, a envahi les bas-côtés. Les grilles qui séparent le pourtour du chœur du reste de l'église sont fermées. Cet espace est assigné aux députations des communautés et corporations religieuses.

La messe commence vers 11 heures. Elle est célébrée par S. Ém. le Cardinal, assisté de MM. les chanoines Pasdeloup et Paré.

Pendant l'office, la maîtrise exécute différents morceaux funèbres. En apprécier la valeur musicale serait puéril. Les noms de Rinck, Beethowen, Sam. Webbe et Schubert nous dispensent de commentaires. Quant à l'exécution, chant et accompagnement, elle a été au-dessus de tout éloge.

L'Offertoire mérite d'être signalé. « *Miseremini mei* » est une transcription de M. le maître de chapelle sur une des pièces les plus remarquables de Schubert. Ce morceau, d'un caractère lugubre, a produit sur l'assistance une impression profonde. Schubert, compositeur d'une complexion délicate, d'une nature maladive, a jeté dans toute sa musique une note plaintive qui la distingue de celle de tous les autres maîtres.

Le *Pie Jesu* de Bazin, chanté par M. l'abbé Ch., a été religieusement écouté. Cette composition, d'un caractère absolument sévère, a profondément ému l'auditoire. Messieurs les professeurs de la maîtrise avaient tenu à faire eux-mêmes cette prière pour le défunt. C'était de leur part un acte de reconnaissance pour la bienveillance particulière que leur témoignait Sa Grandeur. Et cette prière, ils l'ont dite avec tant d'àme qu'ils ont provoqué chez les autres l'émotion dont ils étaient pénétrés. En entendant ces accents de la douleur qui supplie, et ce cri d'espoir de la fin, plusieurs ont répété du fond du cœur, *Pie Jesu Domine, dona ei requiem sempiternam*, et nous en savons qui ont versé des larmes.

Signalons aussi le *Requiem* et le *Dies iræ* de la messe des morts. L'harmonie sévère que M. le maître de chapelle a su adapter aux tristes mélodies du plain-chant est d'un effet solennel et impressionne vivement. On a senti en les entendant hier la véritable et sublime inspiration de ces deux œuvres du génie et de la foi.

L'ALLOCUTION DE MONSEIGNEUR DU PUY

On avait craint d'abord qu'aucun discours ne fût prononcé aux obsèques, qu'on ne s'en tînt à l'oraison funèbre du service de Quarantaine. C'eut été une véritable déception. Heureusement Mgr l'Évêque du Puy, invité au dernier moment à porter la parole, a bien voulu accepter cette mission. Après la messe, il est monté en chaire et, avec une distinction de langage qu'on ne saurait rendre, il a prononcé la remarquable allocution qu'on va lire.

Nous avons essayé de la reproduire avec la plus entière

fidélité ; mais on comprend qu'il n'est pas facile de fixer une parole qu'on voudrait écouter sans être gêné par d'autres préoccupations.

Éminence,
Messeigneurs,
Mes frères,

A une heure et dans une circonstance aussi solennelles, devant une Éminence dont les vertus plus encore que la pourpre honorent le premier siège de l'Église de France, en présence d'évêques distingués et d'une foule innombrable de prêtres et de fidèles, une voix plus éloquente que la mienne devrait retentir sous les voûtes majestueuses de cette cathédrale en deuil. Rien n'autorise ma parole émue mais impuissante, rien, sinon ma vénération profonde pour l'auguste défunt et mon obéissance envers ceux qui m'ont imposé cet honneur périlleux. Aussi, je ne viens pousser, ici, qu'un cri, un cri de douleur.

On a dit : « Quiconque rassemble le peuple l'émeut. » En face de ce peuple assemblé, devant ce clergé qui déplore la perte d'un père, d'un docteur, d'un chef éclairé, d'un modèle des vertus sacerdotales, ne sentons-nous pas un souffle puissant nous agiter ? Près des émotions malsaines, il y a des émotions saines et fortifiantes qui élèvent les cœurs et leur donnent une impulsion qui les rend vaillants et forts pour le combat. C'est que celui dont nous vénérons ici la dépouille mortelle nous laisse de grandes leçons, car il a été l'homme de Dieu et l'homme du peuple.

Ame grande, esprit aux horizons élevés et larges, il aimait ce qui rapproche les cœurs. Chez lui, la pensée de Dieu dominait tout : voilà sa note caractéristique. La fidélité au devoir, il la pratiqua *jusqu'au bout :* ce fut d'ailleurs son mot. Bien des fois j'ai envié la mort glorieuse et calme du soldat qui tombe, les armes à la main, plein d'élan et de générosité, en face de l'ennemi. Cette mort fut la sienne. Il tomba, les armes à la main, sur le champ d'honneur, le champ du devoir.

« J'irai jusqu'au bout », disait-il, la veille de sa mort. — Mais, Monseigneur, lui répondait-on, vous y êtes, au bout. — « N'importe, j'irai quand même. » *Plus ultra :* cette parole fameuse, mes Frères, votre éminent Archevêque l'a traduite dans sa conduite. Il se dévoua, il se sacrifia pour son Dieu et sa patrie toujours... encore... et au delà.

Aussi, trouvons-nous, au milieu de nos tristesses, des joies austères, mais vraies : *sunt gaudia luctus*. Son frère vénéré lève vers le ciel ses yeux en larmes en pensant que Celui qui est plus grand que le cœur de l'homme va donner asile à son cher défunt ; ses frères dans l'épiscopat, son clergé, ses fidèles remplis d'espérance racontent ses vertus.

Je me souviens ici, mes Frères, de l'une des impressions qui me sont demeurées le plus vives pendant mon dernier séjour dans la Ville Éternelle. Il s'agit d'un monument placé dans l'église Saint-Clément, sur les bords du Tibre, monument d'apparence bizarre, mais où le génie italien, qui a le secret de faire parler le marbre, a écrit avec son ciseau une page vivante.

Un père gît sur un lit mortuaire, laissant tomber sa main défaillante. Son fils à genoux baise cette main refroidie qui vient de lui donner une dernière bénédiction. Un ange est là ; d'une main, il touche le front du jeune homme, de l'autre, il lui montre le ciel. On lit en haut : *Gloria in excelsis Deo*, et en bas : *Pax hominibus bonæ voluntatis*. Au-dessus de la tête du jeune homme abîmé dans sa douleur sont écrits deux vers du Dante, dont voici le sens :

> Dans la douleur, la faiblesse humaine s'incline,
> Mais l'immortelle espérance vient lui sourire.

Il me semble, mes Frères, qu'on peut en faire ici l'application. Quand, naguère, votre pieux Archevêque était incliné sur son lit mortuaire, avant de rendre le dernier soupir, son cœur se tourna vers son peuple et le bénit. Le cantique des anges se fit entendre : Gloire à Dieu au plus haut des cieux, et paix, sur la terre, aux hommes de justice, d'honneur, à tous les hommes de bonne volonté que le vénéré défunt aurait voulu rapprocher et réunir. Puis la douleur, et une douleur profonde s'est emparée de nos âmes, mais l'espérance est venue nous sourire : *Sorride l'immortale speranza*.

Quand l'orage est passé, alors même que la pluie tombe encore, un rayon de soleil se montre, l'arc-en-ciel apparaît. Eh! bien, mes Frères, la dernière bénédiction de votre pieux Archevêque est un rayon de soleil, le rayon de Dieu. Elle vous apporte la lumière, le calme, la charité, toutes choses qui ne peuvent venir que du ciel : elle vous apporte cette suprême leçon qu'il ne faut désespérer ni de son temps, ni de son pays, et que, plus que jamais, les âmes doivent s'ouvrir à l'espérance.

Ainsi soit-il.

L'assemblée frémit encore sous l'émotion que produit sur elle ce beau discours, et déjà les absoutes commencent. On connaît les prescriptions du cérémonial des Évêques dans cette circonstance. Rien n'est majestueux comme cette cérémonie. Les absoutes ont été données : la première par Mgr d'Orléans, la seconde par Mgr de Blois, la troisième par Mgr de Limoges, la quatrième par Mgr de Chartres et la cinquième par le Cardinal.

La cérémonie est terminée vers une heure et demie. En sortant Mgr de Sinope était salué avec attendrissement par toute la foule, et plusieurs ne pouvaient se retenir de lui presser les mains. Tout s'était passé avec le plus grand ordre, sans qu'il fût besoin de précautions ou de commissaires ; le respect et les sympathies des fidèles avaient suffi à assurer à cette manifestation la grandeur simple et digne qui caractérisait notre Archevêque.

LA DESCENTE AU CAVEAU

Après la cérémonie, la Cathédrale n'a pas cessé d'être visitée par un grand nombre de fidèles qui n'avaient pu assister aux obsèques. A trois heures et demie, a eu lieu la descente du corps de Monseigneur au tombeau des Archevêques de Bourges. Le Cardinal Richard avait voulu présider encore cette dernière cérémonie. Monseigneur de Sinope s'y trouvait, malgré son accablement, accompagné de quelques membres de sa famille, le Révérendissime Abbé de Fontgombault et un bon nombre d'ecclésiastiques. Les ouvriers étaient dirigés par MM. Boesvillwald, architecte du ministère des Beaux-Arts, et Tarlier, architecte diocésain.

Le Cardinal Richard récite les dernières prières, puis les assistants donnent l'eau bénite et le cercueil disparaît sous la crypte. Monseigneur de Sinope insistait pour descendre, mais dans l'état de santé où il se trouve, c'eût été une grave imprudence. Il voulut bien se soumettre aux instances qui lui furent faites, et consentit à ce dernier sacrifice. Bientôt les dalles étaient remises à leur place et nous nous retirions les yeux pleins de larmes, et demandant au bon Dieu pour l'âme de notre Père une meilleure place que celle qu'il occupe dans notre magnifique Cathédrale, la place qu'il a méritée dans l'Église des Cieux.

Voici l'inscription qui a été placée sur le cercueil :

HIC JACET
IN SPEM BEATÆ RESURRECTIONIS
JOANNES-JOSEPHUS MARCHAL
ARCHIEPISCOPUS BITURICENSIS
NATUS RAON-L'ÉTAPE DIE XXIIª APRILIS MDCCCXXII,
OBIIT IN CHRISTO
DIE XXVIª MAII MDCCCXCII

Ici repose dans l'espoir de la bienheureuse résurrection Jean-Joseph Marchal, Archevêque de Bourges, né à Raon-l'Étape le 22 avril 1822. Il est mort dans le Christ le 26 mai 1892.

SERVICE DE QUARANTAINE

DE

MONSEIGNEUR L'ARCHEVÊQUE DE BOURGES

(Extrait de la *Semaine Religieuse* de Bourges du 6 Août 1892.)

Si quelque chose pouvait consoler Monseigneur de Sinope de la mort de son frère bien-aimé, ce serait certainement la touchante et solennelle manifestation dont la Cathédrale de Bourges a été le théâtre mercredi dernier ; ce seraient les inoubliables hommages que la piété filiale et l'éloquence ont rendus à sa mémoire. Plus de deux mois ont passé sur la tombe de notre Archevêque et le deuil dure encore dans l'Église de Bourges, et, au cœur des prêtres et des fidèles, l'émotion que la soudaineté et la noblesse de cette mort avaient fait éclater, n'a pas diminué. Il semble au contraire, à mesure que le temps éloigne de nous cette bonne et grande figure de Pontife et de Père, que nous comprenons mieux l'étendue de notre malheur.

Le Service de Quarantaine a été, on peut le dire, un événement pour la Cathédrale de Bourges, et nous croyons qu'il faudrait remonter bien haut pour retrouver dans les annales de notre Métropole une page aussi honorable. Notre piété filiale se réjouit des hommages qui ont été rendus à notre Père, mais notre fierté patriotique n'est pas insensible à la gloire d'une basilique qui compte dans ses fastes d'aussi belles journées.

Ainsi que nous l'avions annoncé, la cérémonie a commencé à 10 heures précises.

Tous les évêques attendus étaient présents, sauf Mgr Vérius retenu à Issoudun par la maladie. Par contre, nous n'avions pas compté le Révérendissime Abbé de Fontgombaud, qui était déjà venu aux obsèques, mais qui avait tenu à assister encore au service. Monseigneur de Clermont officiait, assisté de MM. les chanoines Noyer et Camard de Puymory.

Plusieurs ecclésiastiques de marque accompagnaient les prélats : M. le vicaire général Barrière, de Clermont, M. Picard, Supérieur du Grand Séminaire d'Autun, M. le chanoine Lecoq, de Nevers. Du diocèse de Saint-Dié, nous avions M. le curé de Tendon, M. l'abbé Lacour et M. les abbés Noël, qui avaient pris place dans le deuil, aux côtés de Monseigneur de Sinope.

Près de quatre cents ecclésiastiques en habit de chœur assistaient à la cérémonie. En dehors des retraitants, on n'estime pas à moins de cent-cinquante les prêtres venus à Bourges, quelques-uns des extrémités du diocèse, afin de prier pour leur Archevêque et d'entendre son oraison funèbre. Tous les archiprêtres sans exception et presque tous les doyens étaient présents. Quant aux fidèles, ils étaient très nombreux, plus nombreux même qu'on ne pouvait l'espérer par ce temps de vacances. L'armée était surtout très brillamment représentée : aux premiers rangs se trouvaient les généraux de Kerhué et Sonnois et les officiers supérieurs de nos régiments. La grande nef était remplie aux trois quarts, et en face de la chaire, dans les deux nefs latérales, une foule compacte se massait depuis la barrière de la nef centrale jusqu'aux portes.

La cathédrale est ornée avec cette simplicité et cette gravité qui ont été si remarquées aux obsèques : un grand catafalque élevé à l'entrée du chœur, et, dans le lointain, derrière l'autel, les trois travées qui terminent la nef centrale, garnies d'immenses tentures.

La maîtrise a exécuté la messe de *Requiem* harmonisée par M. l'abbé Chambonnet. C'est encore, dans sa triste simplicité, la plus belle, la plus saisissante des compositions funèbres. Ni Mozart, ni Rossini, ni Verdi n'ont eu ces accents de douleur et de supplication.

A l'offertoire, le *De profundis* de Danjou présentait un contraste saisissant entre le récit des soprani et la reprise du chœur.

MM. les directeurs de la maîtrise ont exécuté avec la même perfection que la première, fois le *Pie Jesu* de Bazin qui avait impressionné si vivement aux obsèques de Monseigneur. J'oubliais le *Dies iræ* chanté par M. l'abbé Chambonnet.

*
* *

Après la messe, les évêques viennent prendre place sur les fauteuils qui leur sont réservés, et Mgr Perraud monte en chaire accompagné de M. l'Archiprêtre de la Cathédrale et de M. le Supérieur du Grand-Séminaire.

L'apparition de l'Évêque d'Autun est saluée par un vif sentiment de respectueuse et sympathique curiosité. La taille est petite, le corps semble débile, la face émaciée, mais les yeux, profondément enfoncés sous d'épais sourcils, sont brillants de vie et de lumière.

La réputation de l'orateur n'est plus à faire. Si Mgr Perraud est avant tout le saint évêque de Paray-le-Monial, il est aussi l'écrivain illustre qui parle de nos jours la langue d'une correction incomparable et d'une simplicité si pleine de distinction qu'on parlait au xviiie siècle; le normalien de la grande promotion, celle qui comptait les Taine, les Prévost-Paradol, les J.-J. Weiss et d'autres encore, aussi distingués par leur talent que tristement célèbres, hélas ! par leur irréligion ; l'évêque académicien, l'auteur de l'*Irlande contemporaine*, de l'*Oratoire de France* et de tant d'autres écrits; le disciple bien aimé du P. Gratry, l'ami des Dupanloup, des Montalembert et surtout d'Henri Perreyve, ce frère de son frère ; le continuateur et le successeur actuel du grand et saint Cardinal de Bérulle, auquel il n'est inférieur ni par l'austérité de la vie, ni par le talent, et pourquoi ne dirions-nous pas déjà, par la gloire.

A Bourges, Mgr Perraud n'est pas un étranger. Sa mère descendait d'une vieille famille de robe dont le nom figure avec honneur dans l'histoire du Berry : la famille Delamethérie. Son grand-père, mort jeune encore en 1829, était Président de Chambre à la Cour royale de Bourges. Sa grand'mère mourut également à Bourges en 1849. Ils habitaient la maison qui porte le n° 3 de la rue Notre-Dame de Salles, aujourd'hui rue Victor-Hugo. Tous deux reposent dans le cimetière des Capucins. Monseigneur l'Évêque d'Autun a donc retrouvé ici et à Villequiers, où sa famille avait une propriété, des souvenirs chers à son cœur, et ce n'est pas sans émotion, ainsi qu'il l'a dit au cours de son oraison funèbre, qu'il est entré comme évêque et prédicateur, dans cette cathédrale où il venait enfant et adolescent prier avec son frère.

.˙.

Il était onze heures précises lorsque Mgr Perraud commença son discours. Il a pris pour texte ces paroles de l'Apôtre : *Labora sicut bonus miles Christi;* Travaille comme un bon soldat du Christ.

Après avoir établi que le travail, le *labour* du prêtre, de l'évêque, est surtout un combat, il est entré dans son sujet, la vie par excellence d'un évêque laborieux et combattant pour le Christ. Le panégyriste ne rencontrera pas dans *l'édifiante monotonie* de cette existence *les actions pompeuses qui font la bonne fortune de l'écrivain et de l'orateur* ; elle lui fournira cependant *des pensées dignes de la chaire. Pour traiter une telle vie, l'orateur n'a pas besoin d'emprunter les fausses couleurs de la rhétorique, encore moins les détours de la flatterie.*

Ces dernières paroles sont du grand Bossuet, dont le souvenir ne pouvait manquer de venir à notre pensée. « Les autels, disait Bossuet dans l'éloge funèbre de François Bourgoing, l'un des illustres prédécesseurs de Mgr Perraud dans le gouvernement de l'Oratoire de France, ne se plaindront pas que leurs sacrifices soient interrompus par cet entretien profane : au contraire, celui que j'ai à vous faire vous proposera de si saints exemples qu'il méritera de faire partie de cette cérémonie si sacrée. »

Comme celle de François Bourgoing, la vie de Mgr Jean-Joseph Marchal offre ces saints exemples qui peuvent être proposés à l'imitation des prêtres et des évêques.

L'orateur montre d'abord l'enfant dans la famille, bénie de Dieu pour son dévouement aux prêtres victimes de la Terreur, dans ce presbytère de Tendon, où il reçut sa première éducation cléricale, au petit et au grand séminaire... C'est une narration d'une grande simplicité, sans aucune recherche, mais pleine de charme. Puis il nous présente le professeur, et il nous décrit sa remarquable méthode d'enseignement, digne d'être signalée à l'imitation des maîtres et à l'attention des disciples. Voici le curé d'Épinal, entouré de son clergé et donnant à sa paroisse une organisation modèle ; le vicaire général, l'administrateur habile et infatigable réservant encore dans cette vie si absorbée par les affaires une part au travail intellectuel. Enfin, voici l'évêque, à Belley, à Bourges. Ces dix-sept ans d'épiscopat sont admirablement groupés autour de deux ou trois tableaux saillants auxquels l'orateur sait ramener une foule de détails : la résistance modérée et énergique de l'Archevêque aux empiètements du pouvoir, ses lettres à l'occasion de l'expulsion des religieux, des lois scolaires, de la loi militaire; ses œuvres d'éducation, etc. Chemin faisant, l'orateur déplore avec une énergie tout apostolique les atteintes portées à la liberté de l'Église ; en quelques mots, il répand sur ces questions une admirable clarté. On a remarqué une fine critique du projet de suppression des vicaires généraux, de lumineuses considérations sur la question de l'enseignement, des éloges à l'armée pour le bon accueil fait aux victimes de la loi militaire.

Mais ce que l'orateur a surtout mis en relief, ce sont les enseignements qui se dégagent de cette vie : devoir pour le prêtre de tenir d'une main l'instrument du semeur, de l'autre l'épée du soldat, semblable en cela aux colons des continents nouveaux ; bénédiction des familles dévouées à la cause de l'Église persécutée et où Dieu fait germer les vocations sacerdotales ; nécessité, au milieu des mille soucis de l'administration, de réserver à l'âme l'aliment de la prière et de la piété, à l'esprit la contemplation et l'amour de la vérité : *charitas veritatis;* observations d'une justesse profonde sur le travail qui ne se mesure pas seulement par les heures qu'on lui consacre, mais par les aliments qu'on donne à l'intelligence.

Arrivé aux dernières années de cette vie d'évêque, l'orateur s'arrête à la consécration épiscopale de Monseigneur de Sinope, au spectacle de ces deux frères unis pour le Christ dans un même travail et un même amour. Ici, une vive émotion le saisit : il se souvient, lui aussi, de son frère, et avec une voix entrecoupée de larmes, il parle de la blessure dont son cœur saigne encore. Saint Bernard a passé aussi par ces épreuves et il a autorisé par son exemple ces sanglots de l'amour fraternel. Il cite du saint docteur une page d'une grande beauté. « O admirable saint Bernard, s'écrie-t-il en s'adressant à Monseigneur de Sinope, comme vous avez bien parlé pour nous deux ! Pardonnez-moi, Monseigneur, d'unir ma douleur à la vôtre et de pleurer tout haut dans cette chaire mon Charles comme vous pleurez votre Joseph ! » On n'analyse pas de telles choses : qu'il suffise de dire que tous les cœurs étaient soulevés d'émotion et que les yeux étaient baignés de pleurs. Dans cet élan du cœur, Mgr Perraud a révélé des qualités que ses admirateurs ne lui connaissaient pas à ce degré : ce n'est pas simplement l'orateur aux déductions lumineuses et aux hautes spéculations philosophiques que nous avons entendu ; c'est encore le *pectus quod disertos facit* que nous avons senti.

Enfin il a dit la mort de Monseigneur, et de cette mort si noble et si simple, il a fait un tableau noble et simple, comme il convenait à un tel sujet. La péroraison découlait d'elle même de ce discours : cette mort est une grande leçon, et c'est aux prêtres surtout que cet enseignement s'adresse : travaillons et combattons avec courage, avec discipline, avec cohésion, — jusqu'au bout !

*
* *

Mgr Perraud avait parlé soixante-dix minutes. L'orateur, entraîné par ce fluide qu'il devait sentir passer de ses yeux et de son cœur dans les yeux et le cœur de ses auditeurs, ne semblait pas fatigué, et l'auditoire, suspendu à ses lèvres, l'aurait écouté volontiers plus longtemps encore.

L'oraison funèbre écrite contiendra un certain nombre de pages qui n'ont pas été prononcées. Mais telle que nous l'avons entendue, c'est une œuvre d'une grande beauté, un monument dont nous sommes fiers pour notre Archevêque, et dans lequel il vivra ; et nous pouvons dire à Mgr Perraud ce qu'on disait autrefois à un autre grand orateur après une oraison funèbre :

> Atque ita per te... superstes
> Non periet nobis, totus at ipse manet.

www.ingramcontent.com/pod-product-compliance
Lightning Source LLC
Chambersburg PA
CBHW070520100426
42743CB00010B/1881